河北省高校重点学科建设项目资助

U0621280

创新驱动战略下高技术企业发展能力评价及提升机制研究

闫丽平　孙文博　著

中国财经出版传媒集团

经济科学出版社

Economic Science Press

图书在版编目（CIP）数据

创新驱动战略下高技术企业发展能力评价及提升机制研究/
闫丽平，孙文博著 . —北京：经济科学出版社，2019.1
　ISBN 978 - 7 - 5218 - 0182 - 8

　Ⅰ.①创…　Ⅱ.①闫… ②孙…　Ⅲ.①高技术企业 - 企业
发展 - 研究 - 中国　Ⅳ.①F279.244.4

中国版本图书馆 CIP 数据核字（2019）第 014170 号

责任编辑：宋艳波
责任校对：蒋子明
责任印制：李　鹏

创新驱动战略下高技术企业发展能力评价及提升机制研究
闫丽平　孙文博　著
经济科学出版社出版、发行　新华书店经销
社址：北京市海淀区阜成路甲 28 号　邮编：100142
总编部电话：010 - 88191217　发行部电话：010 - 88191522
网址：www. esp. com. cn
电子邮件：esp@ esp. com. cn
天猫网店：经济科学出版社旗舰店
网址：http：//jjkxcbs. tmall. com
北京季蜂印刷有限公司印装
710 × 1000　16 开　12. 5 印张　180000 字
2019 年 1 月第 1 版　2019 年 1 月第 1 次印刷
ISBN 978 - 7 - 5218 - 0182 - 8　定价：48. 00 元
（图书出现印装问题，本社负责调换。电话：010 - 88191510）
（版权所有　侵权必究　打击盗版　举报热线：010 - 88191661
QQ：2242791300　营销中心电话：010 - 88191537
电子邮箱：dbts@ esp. com. cn）

前　　言

当前，世界经济进入长期复杂的调整期和深度转型期，全球经济复苏缓慢，新一轮科技革命正在兴起，世界经济逐渐由传统制造业向高端制造业、知识密集型服务业方向转型升级，知识和技术驱动企业转型升级成为企业保持竞争力的强有力手段。党的十九大报告指出，创新是引领发展的第一动力，是建设现代化经济体系的战略支撑。高技术企业的创新发展，驱动我国科技水平和综合实力明显提升。但是，高技术企业在发展过程中还面临诸多问题，如规模较低、品牌不够强、成长乏力、创新资源之间不匹配、区域发展不平衡等。这些问题影响和阻碍了高技术企业的进一步发展，已成为学术界和政府关心的重大问题。

本书依据创新驱动战略理论和区域经济理论，结合定量研究和经验研究的方法，构建评价指标体系对我国高技术企业的发展水平进行综合分析和实证研究，探讨高技术企业创新绩效的形成机理和效应，深入剖析典型的高技术企业创新驱动作用机制，为高技术企业的发展提供政策建议和理论参考。

基于理论和实证分析形成三方面的研究结论：第一，高技术产业的创新发展与区域经济总量、创新要素集聚等因素密切相关。区域经济发展的不平衡、区域创新能力的差距以及创新要素集聚的不协调是影响高技术企业创新驱动发展的重要因素。河北省的高技术企业总体来看，居于全国中等水平，发展能力还有待进一步提高。第二，高技术企业依靠创新驱动发展，其成长能力和绩效水平获得有效提升。高技术企业的成长和绩效很大程度来源于创新的引领和技术的进步。我国高技术企业仍处于全球价值链的中低端环节，主要依靠大量劳动力投入支撑，我国创新驱动发展高技术服务业的意识和理念还不够深入，尚处于发展不成熟阶段，产业结构和发展模式需要进一步优化调整。第三，高技术企业创新发展的主要驱动因素：市场需求、创新投入、政策驱动、企业家精神。这四个要素相互联系，相互作用，共同驱动高技术企业创新质量的提升。

本书的特色表现在三方面：第一，构建高技术制造业、高技术服务业发展能力评价指标体系并进行系统分析。相较于以往的研究，本书的内容更为综合全面，能够更清晰地透析高技术企业的客观情况。本书从发展活力、发展支撑力、规划合理性、政策引导力等4个一级指标以及24个二级指标，对全国各省市区高技术制造业的发展能力进行综合评价；从发展规模、发展活力、发展潜力等3个一级指标以及25个二级指标，对全国各省市区高技术服务业的发展能力进行综合评价。第二，考察创新对高技术制造业、高技术服务业不同的驱动效应与作用机理。本书从理论和实证方面进行了深入探讨，从统计年鉴、产业报告、典型案例等多方面的数据和文字资料进行验证，挖掘高技术企业的创新发展的驱动因素及其效应。第三，提出高技术企业创新能力提升机制，服务于创新实践，积极推进创新驱动发展战略与京津冀协同发展战略深度融合，为河北省高技术企业健康发展提供理论指导和对策建议。

本书撰写过程中，两位作者通力合作。首先商定了基本的研究框架和章节内容；然后按照分工撰写，其中高技术服务业的相关内容由孙文博负责，闫丽平负责高技术制造业的相关板块；最后由闫丽平将所有部分整合为一个整体，其间我们还进行了多次的交流、讨论、修改和校对。本著作的完成也是两位作者近几年科研课题积累的成果，本书依托的科研项目，包括：河北省软科学研究计划项目《河北省高新技术的产业转移承接能力评价与提升对策研究》（编号：15457618D）、河北省社会科学发展研究课题《新常态下河北省承接产业转移的问题与对策研究》（编号：2015030230），河北省社会科学发展研究课题《非正规就业对河北省服务业结构升级的影响及对策研究》（编号：201602020211）等，在此表示感谢！感谢河北地质大学商学院领导对本书研究工作的支持和帮助，感谢河北地质大学陈晔教授、谷立霞教授、王彦博副教授等老师对本书撰写过程中所提出的宝贵意见和大力支持，感谢南京农业大学刘梦淳同学对本书研究工作的帮助和付出！特别感谢河北省企业管理省级重点学科项目资助出版！非常感谢经济科学出版社对本书顺利出版提供的无私帮助和支持！

　　由于作者水平有限，书中难免存在不足，敬请广大读者批评指正。

闫丽平　孙文博

2018 年 8 月

目　　录

第 *1* 章

绪 论

本章主要介绍本著作的研究背景、研究意义和研究内容，阐释高技术企业的涵义及我国相关政策法规，为后续研究奠定基础。

1.1

研究背景及意义

中国企业的发展经历了国际金融危机、经济结构调整等重重影响，知识和技术驱动企业转型升级成为企业保持竞争力的强有力手段。自 2008 年全球金融危机之后，世界经济逐渐由传统制造业向高端制造业、知识密集型服务业方向转型升级，科技创新日益成为推动世界经济增长、重塑全球经济格局的关键力量。美国制定了《国家创新战略》和《先进制造业国家战略计划》，欧盟加大了整合各成员国创新资源的力度，制定了"工业复兴战略"，启动"地平线 2020"计划。德国发布了"高技术战略 2020"，实施"工业 4.0"计划，力图奠定在重要关键技术上的国际顶尖地位。日本发布了《科技创新综合战略》，推动实现科技创新立国的目标。韩国制定了《第六次产业技术创新计划》，致力于实现向先进产业强国的飞跃。俄罗斯颁布《2013 - 2020 国家科技发展计划》，确定八大领域的研究方向。各国都把创新作为未来发展的核心战略，超前部署，加快推进。逆水行舟，不进则退。在激烈的市场竞争中，企业如何寻求突破？《中国百位企业

CEO 调查报告》（2009）提到企业转型如何重塑企业基本面的问题，其中三个关键要素是持续创新、管理提升、提高人力绩效。而持续创新是企业成功转型的引擎，也是中国企业实现向产业链高端演化的最根本依靠。从全球产业链的低端走向高端，已是国内企业转型的必由之路，时刻保持创新则是企业成功转型的基础和动力。

习近平总书记在党的十九大报告中提出，创新是引领发展的第一动力，是建设现代化经济体系的战略支撑。高技术企业发展水平是国家创新能力的重要体现，我国近年来，处于产业链高端、具有高附加值的高技术产业发展规模和速度大幅提升。《国家创新指数报告 2016 – 2017》显示，2016 年中国国家创新指数排名提升至第 17 位，2000 年列 38 位。图 1 – 1 是 2000 ~ 2016 年中国国家创新指数排名变化图，可以看出，我国国家创新能力继续稳步提升。中国创新资源投入持续增加，创新能力发展水平大幅超越了其经济发展阶段，领先于世界其他发展中国家，突出表现在知识产出效率和质量快速提升、企业创新能力稳步增强等方面。其中，中国万名企业研究人员（PCT）专利申请量达到 253 件，排名第 27 位；三方专利数占世界比重排名上升至第 5 位；综合技术自主率排名提升至第 6 位；企业研究和发展经费与增加值之比排名第 16 位。中国有效发明专利数量达到 92.2 万件，排名第 3 位；知识密集型产业增加值占世界比重为 12.3%，居世界第 2 位；高技术产业出口占制造业出口比重为 25.8%，比 2000 年提高 7.3%。这意味着中国正在加快步伐迈向制造业强国。中国制造业要坚持创新驱动、智能转型、强化基础和绿色生态，高技术产业要在创新驱动下走出自己的发展特色。

服务业与制造业的产业融合是当今世界经济发展的一个显著特征，制造业服务化的趋势日益明显，经济发展使得制造业对诸如贸易、物流、金融、通信、教育等服务业的需求迅速增加，服务业在制造业企业所提供的产品集合体中逐步占据主导地位，正在成为制造业增加值的主要来源。随着经济发展程度的不断提高，制造业对服务业的依赖程度日益加深，制造业同服务业之间的界限也越来越模糊。以美国为例，近 30 年来，美国的第二产业劳动力比重一直呈下降趋势，1990 年美国制造业劳动力比重是 26.2%，到 2012 年时该比重降为 17.27%，2017 年约为 8%，平均每年下降 0.39 个百分点。与此同时，美国的服务业劳动力比重一直呈上升趋势，到 2012 年已经上升到 81.2%。从两者增加值占 GDP 比重来看，2012 年制造业的增加值比重为 19.2%，服务业的增加值比重则高达 79.7%。2017 年美国制造业占 GDP11.6%，创新低。

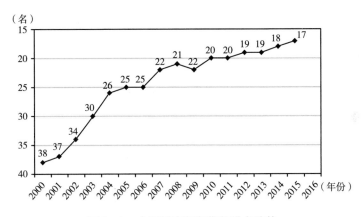

图 1-1 中国国家创新指数排名趋势

中国自 1978 年改革开放以来，经济增长的一个突出性的结构问题就是过分依赖制造业的发展，制造业劳动力占比和增加值占比在过去很长时间里一直显著高于服务业。经济增长过分依赖制造业所带来的直接结果就是改革开放初期工农业产品普遍短缺的问题如今已经演变成了令人头痛的产能过剩。另一方面，分析制造业过去长期高速发展的原因，主要在于依托低成本生产优势，大规模承接发达国家的中低端产业环节转移，以及劳动、资本、土地等资源的持续投入。随着近年来产能过剩问题日渐突出，这些要素投入的边际收益持续下降，传统发展模式显然已经难以为继。有鉴于此，自 2015 年以来，以去产能、去库存、去杠杆、降成本、补短板为重点的供给侧结构性改革，已经成为我国新一轮改革的重点。供给侧改革的目的就是淘汰那些不具备市场竞争能力的落后产能、优化供给结构，以实现与需求结构的有效对接。从这个意义上讲，供给侧改革本质上是一次再工业化过程，是对制造业的升级改造，而鉴于制造业和服务业日益融合的发展趋势，先进制造业必然对服务业，特别是知识密集型的生产性服务业产生巨大需求。因此，提高服务业的知识密集度和技术创新能力是服务业适应未来制造业升级的必然选择，也是未来推进供给侧结构性改革的关键。可以说，服务业的适应性创新对供给侧改革的成败有着重要影响。中国服务业的未来发展，似乎正面临着一个两难困境，即一方面出于供给侧改革的需要，必须大力发展现代服务业和生产性服务业；另一方面迫于严峻的现实就业压力，又不得不重视传统服务业的发展。实际上，无论是发展现代服务业，还是对传统服务业进行升级改造，都需要依赖技术创新。

因此，全球化的经济竞争、高技术制造业和服务业企业的转型升级都需要创新驱动发展。在创新驱动发展战略的引导下和一系列高技术产业政策的鼓励支持下，高技术企业发展态势良好，产业规模快速增长，已深度融入全球分工体系。但是，我国高技术企业仍处于全球价值链的中低端环节，主要依靠大量劳动力投入支撑，存在成长乏力的不足。河北省高技术企业品牌企业少、创新能力薄弱、竞争力不强等突出问题，高技术企业如何高端化、服务化、集聚化、融合化、低碳化，引领支撑全省经济高质量发展，深入落实京津冀协同发展战略，这已成为学术界和政府关心的重大问题。

基于以上分析，本书聚焦于高技术企业，运用实证研究和经验研究的方法，基于创新驱动的战略视角，考察高技术企业发展现状、发展能力，创新绩效的作用机理和提升机制，可以深化和丰富产业组织理论、企业创新理论体系，对于创新体系建设具有很好的学术价值。我国深入推进实施创新驱动发展战略，党的十九大进一步明确了创新是五大发展理念之首，这就需要高技术企业承担新任务，释放更大的能量和活力，因此，剖析高技术企业创新能力水平，多措并举提升创新能力，实施体制机制创新具有非常重要的现实意义。新形势下，河北省高技术企业的发展面临转型升级、提质增效、智能互联等综合挑战，本书对河北省高技术企业创新驱动发展战略进行研究，具有重要的理论和现实意义。

1. 2

高技术企业的界定

1.2.1 高技术产业

高技术产业就是围绕着高新技术所形成的产业，但迄今为止还不存在一个权威性的一致意见，世界各国对高技术产业有着不同的界定标准。

"高技术产业"作为创新性的概念，由西方国家提出并兴起。美国国家科学院（NAS）出版的《技术、贸易和美国经济》（*Technology, Trade and U. S. Economy*）将高技术产业（high-technology industry）定义为以技术为主要产品的产业，其对于美国经济发展具有引领性的作用

经济合作与发展组织（OECD）出于国际比较的需要，采用研究与开发（R&D）的强度定义及划分高技术企业，并于1994年选用 R&D 总费用（直接 R&D 费用加上间接 R&D 费用）占总产值比重、直接 R&D 经费占产值比重和直接 R&D 占增加值比重三个指标提出了高技术产业的 4 分类法，即将航空航天制造业、计算机与办公设备制造业、电子与通信设备制造业、医药品制造业确定为高技术产业。这一分类法为世界大多数国家所接受。

美国商务部提出的判定高技术产业的主要指标有两个：一是研发与开发强度，即研究与开发费用在销售收入中所占比重；二是研发人员（包括科学家、工程师、技术工人）占总员工数的比重。按此划分，高技术产业主要包括信息技术、生物技术、新材料技术三大领域。2015 年 2 月，全球知名智库布鲁金斯学会发布了研究报告《美国高端产业：定义、布局及重要性》，美国的高端产业的鉴定有两个标准：一是产业中每个工人的研发支出超过 450 美元，这大于或等于全行业标准的 80%；二是产业中获得STEM（科学、技术、工程和数学）学位的人数必须高于全国平均水平，或者在本行业中所占份额高达 21%。一个行业必须同时符合上述两个标准才

能被认定为是高端产业。报告公布了美国高端产业领域的 50 个行业，既包括制造业部门的汽车制造、航空航天产品及零部件、医疗设备、音频和视频设备、商业和服务业机械等；又包括来自快速增长的服务性行业，如计算机系统设计、数据处理和托管、医疗和诊断实验室、科学研究与发展等；以及能源行业中的石油和天然气开采、电力产生转换和分配设备、金属矿开采；这些行业在其最广泛的意义上囊括了国家的高科技领域。

法国对高技术产业的标准界定主要围绕产品周期理论来进行，即产品必须经过四个阶段：（1）形成阶段，主要是开发和研制新产品；（2）增长阶段，在此阶段新产品逐步扩大市场份额；（3）成熟阶段，此阶段企业逐渐形成标准化的生产线；（4）衰退阶段，此阶段产品的市场需求逐渐减少或被其他产品所取代。只有当一个新产品利用标准生产线进行生产、具有高素质的科学家和开发人员，并占据一定的市场，且形成产业的一个新的分支的时候，这个新产品产业才能够被称为高技术产业。

我国关于高技术产业的明确定义和界定标准，通常是按照产业的技术密集度和复杂程度来作为衡量标准的。根据 2002 年 7 月国家统计局印发的《高技术产业统计分类目录》，中国高技术产业的统计范围包括航天航空器制造业、电子及通信设备制造业、电子计算机及办公设备制造业、医药制造业和医疗设备及仪器仪表制造业等行业。表 1 - 1 是我国高技术产业（制造业）2002 年的分类情况，可以看到，我国高技术产业的分类基本与 OECD 接轨。中国科技部（2013）对高技术产业给了相对明确的界定，认为高技术产业（制造业）是指国民经济行业中 R&D 投入强度（即 R&D 经费支出占主营业务收入的比重）相对较高的制造业行业。

在 2013 年、2017 年国家统计局对《高技术产业统计分类目录（2002 年）》进行了修订。2017 年的修订延续了 2013 版的分类原则、方法和结构框架，根据新旧国民经济行业的对应关系，仅进行了行业结构的对应调整和行业编码的对应转换，形成《高技术产业（制造业）分类（2017 年）》，采用大类、中类、小类的行业分类代码，这里将大类和中类的行业分类汇总入表 1 - 2，可以对比 2002 年的调整和改变。由此看出，相比 2002 年的一级分类，大类增加为 6 类，分别为：医药制造业，航空、航天器及设备制造业，电子及通信设备制造业，计算机及办公设备制造业，医疗仪器设备及仪器仪表制造业，信息化学品制造业。

表 1 – 1　　　　　　中国高技术产业（制造业）分类（2002）

一级分类	子行业
航天航空器制造业	飞机制造
	航天器制造
电子及通信设备制造业	通信设备制造
	广播电视设备制造
	雷达及配套设备制造
	视听设备制造
	电子器件制造
	电子元件制造
	其他电子设备制造
电子计算机及办公设备制造业	电子计算机整机制造
	电子计算机外部设备制造
	办公设备制造
医药制造业	化学药品制造
	中成药生产
	生物药品制造
医疗设备及仪器仪表制造业	医疗仪器设备及器械制造
	仪器仪表制造

表 1 – 2　　　　　　中国高技术产业（制造业）分类（2017）

大　类	中　类
医药制造业	化学药品制造
	中药饮片加工
	中成药生产
	兽用药品制造
	生物药品制品制造
	卫生材料及医药用品制造
	药用辅料及包装材料

续表

大　类	中　类
航空、航天器及设备制造业	飞机制造
	航天器及运载火箭制造
	航空、航天相关设备制造
	其他航空航天器制造
	航空航天器修理
电子及通信设备制造业	电子工业专用设备制造
	光纤、光缆及锂离子电池制造
	通信设备、雷达及配套设备制造
	广播电视设备制造
	非专业视听设备制造
	电子器件制造
	电子元件及电子专用材料制造
	智能消费设备制造
	其他电子设备制造
计算机及办公设备制造业	计算机整机制造
	计算机零部件制造
	计算机外围设备制造
	工业控制计算机及系统制造
	信息安全设备制造
	其他计算机制造
	办公设备制造
医疗仪器设备及仪器仪表制造业	医疗仪器设备及器械制造
	通用仪器仪表制造
	专用仪器仪表制造
	光学仪器制造
	其他仪器仪表制造业
信息化学品制造业	信息化学品制造

近年来国内理论界和决策层又细分出了高技术服务业的概念，其与知识密集型服务业内涵比较接近。高技术服务业最初出现在《2003 年度科技型中小企业技术创新基金若干重点项目指南》中，在 2007 年国家发展和改

革委员会发布的《高技术产业发展"十一五"规划》中，高技术服务业已被明确列入八大高新技术产业中。基于认识角度的不同，学术界和产业界对这一概念目前尚未有明确、完整和统一的界定。一般认为，高技术服务业是现代服务业发展的过程中，现代服务业与高新技术产业相互融合发展的产物；是以创新为核心，以中小企业为实施主体，围绕产业集群的发展，旨在促进传统产业升级、产业结构优化调整的进程中采用现代管理经营理念和商业模式，运用信息手段和高新技术，为生产和市场发展提供专业化增值服务的知识密集型新兴产业。

根据国家统计局《高技术产业（服务业）分类（2018）》，高技术服务业的行业范围主要包括信息服务、电子商务服务、检验检测服务、专业技术服务业的高技术服务、研发与设计服务、科技成果转化服务、知识产权及相关法律服务、环境监测及治理服务和其他高技术服务等 9 大类。采用大类、中类、小类三层次编码方法，这里将大类和中类的行业分类汇总入表 1－3。

表 1－3　　　　　　　中国高技术产业（服务业）分类（2018）

大　类	中　类
信息服务	信息传输服务
	信息技术服务
	数字内容及相关服务
电子商务服务	互联网平台
	电子商务支付服务
	电子商务信用服务
检验检测服务	质检技术服务
专业技术服务业的高技术服务	气象服务
	地震服务
	海洋服务
	测绘地理信息服务
	地质勘查
	工程技术

大　　类	中　　类
研发与设计服务	自然科学研究和试验发展
	工程和技术研究和试验发展
	农业科学研究和试验发展
	医学研究和试验发展
	设计服务
科技成果转化服务	技术推广服务
	科技中介服务
	其他科技推广服务业
知识产权及相关法律服务	知识产权服务
	知识产权相关法律服务
环境监测及治理服务	环境与生态监测
	环境治理业
其他高技术服务	其他高技术服务

无论是高技术制造业还是高技术服务业，与传统产业相比，高技术产业具有知识技术密集、资金投入巨大、高风险高收益、高成长短周期、高创新高集群等特征。

1. 知识技术密集

知识密集、技术密集是高技术产业的重要特征，该特征是高技术产业与传统产业的最大区别，高技术产业通过知识和技术的投入来生产高附加值的产品，同时由于知识技术更新速度较快，导致产品更新换代速度快，对产业参与者的文化知识要求也较高，所以高技术产业的知识密集程度和技术密集程度较高。

2. 资金投入巨大

由于新知识、新技术研发投入巨大，研发成果转移转化前，高技术产业需要大量的资金来持续技术试验和产品研发以开发新产品；在研发成果转移转化过程中，高技术产业也需耗费大量资金进行高标准的固定资产投入；在研发成果转化后，高技术产业新产品由于新颖性较强、市场接受需要过程等原因，还需要大量资金进行营销推广。

3. 高风险高收益

高技术产业的高风险性主要有技术不确定或开发失败的技术风险；市场可能暂时不能接受新产品的市场风险；高技术产品生产中企业人为管理不善导致的人为风险；技术开发过程中资金短缺的资金风险；市场更新的产品出现，人才流失的竞争风险等大量的风险。但伴随着高风险的高技术产业总是带来的高收益，由于高技术产业生产的高技术产品通常具有高附加值，由于技术优势将形成一定的市场垄断性或排他性，一般得到市场认可后，高技术产业将产生大量的收益。

4. 高成长短周期

高技术产业凭借着独特的技术优势，其产品能够迅速占领市场，产生大量的收益，短期内产业能够集聚扩张，很快成长为行业的翘楚，这是产业的高成长性，但是现代技术更新换代速度日益加快，新产品周期越来越短，这也使得高技术产业变化速度加快，跟传统或一般产业相比，高技术产业的"创业—成长—扩张—成熟"生命周期更短。

5. 高创新高集群

高技术产业创新过程依赖于新技术，新技术不停地更新换代，使得高技术产业风险加剧，为了规避风险，高技术产业需不断进行技术创新，以开发出适应市场需求的产品，获取高额收益；同时为了规避风险，高技术产业内企业往往以技术合作为基础与相关企业聚集在同一地域内，降低研发、沟通、生产等成本，从而形成高技术产业集群，如美国硅谷、北京中关村、上海张江、武汉东湖等国内外著名的高技术产业园区。河北廊坊市依托毗邻京津的独特区位优势和京津冀协同发展重大机遇，围绕新型显示、高端制造、新材料、新能源等领域，打造高新技术产业集群，近几年发展较快，2018 年 1~5 月份，全市高新技术企业达到 324 家，高技术产业增加值同比增长 0.9%。

1.2.2 高技术企业的界定

高技术企业的含义属于历史和时间的范畴，目前世界范围内，不同时期不同国家对高技术企业的界定标准不同。

美国对高技术企业的标准界定首先需要界定高技术产品，生产这类产品的企业就可以被称为高技术企业。高技术产品主要从两个指标来衡量：第一指标是 R&D 强度，即产品产出过程中 R&D 费用所占的费用比例，反映了产品和技术变化的发展速度及行业和企业的技术含量；R&D 强度若高于 10%，则视为高技术产品。第二个指标是 R&D 人员，即全部员工中科学家、工程师、技术人员所占的人数比例，反映了在不同工业领域的科技人员比例；R&D 人员在组织中比例高于 10%，则视为高技术产品。

在日本，高技术企业指能够资源能源节约型、高密度技术水平、高速技术创新的，而且由于其强劲的增长势头而占据一定的市场规模、在未来可将其影响渗透到其他相关产业的企业。基于这一特点，相比其他国家，日本的高技术、创新型企业往往来自传统优势产业，以技术攻坚向行业的上游发展。

加拿大认为高技术企业的认定取决于由研发经费和劳动力技术素质反映的技术水平的高低。具体来说，其标准界定主要有两种方法：（1）部门方法，即那些有高技术水平的生产部门，能够通过科研人员的开发能力和技术、工作质量或用于 R&D 经费来反映技术水平的被认为是高技术企业。（2）综合方法，即生产前的设计和最终技术调整的过程中反映制造业劳动力的技术水平的企业，其中，这一技术水平是基于技术员、工程师和生产工人总数的比例，以及工程师和技术人员的比例来反映的。加拿大在航空航天、信息通信、微电子软件，新能源新材料等产业方面拥有世界领先水平。加拿大的航空制造业是加拿大经济中研发最密集的产业之一，庞巴迪公司（Bombardier Limited）是仅次于美国波音和欧洲空客的世界第 3 大航空航天制造商，在小型公务机、支线飞机和水陆两用机方面居全球领先地位。加拿大生物技术产业是第二大高技术产业，其中生物医药、生物农业、生物能源、纳米技术是优势领域。

参照我国科技部、财政部、国家税务总局在 2008 年 4 月共同最新修订的《国家重点支持的高新技术领域》和《高新技术企业认定管理办法》，我国的高新技术企业指在国家重点支持的高新技术领域内，持续进行新产品研究、开发和转化，以企业自主知识产权为基础和核心来进行生产经营活动，并且在中国境内注册一年以上的居民企业，其中，包括技术密集和知识密集两种经济实体。此外，我国高新技术企业必须满足下几点要求：（1）企业具备法人资格；（2）从事一种或多种高新技术及其产品的研究与开发、生产和技术服务；（3）企业人员方面，学历在大专以上的科技人员所占比例应大于（或等于）30%，其中，从事高新技术产品研究开发的科技人员所占比例要达到 10%；（4）在中国境内的 R&D 费用总额应大于或等于其全部 R&D 费用总额的 60%。

我国学者刘雪凤（2011）认为高技术企业是以目前最先进的技术为基础的具有知识密集、人才密集、资金密集等特征的现代企业。总体来看，相比较传统企业，高技术企业具有三个鲜明特点：（1）高技术企业是技术密集型和知识密集型企业，具有高创新性。高技术企业中高素质技术研发人员和管理人员占总员工的比例较传统企业高，知识和技术是高技术企业的关键发展因素，创新是高技术企业竞争优势的重要来源。（2）高技术企业是资本密集型企业，具有高投资、高产出、高利润特点。高技术企业在研发、研发产品商品化阶段的试验和推广、专用设备等方面都需要大量的资金。在生产过程中利用高技术来优化产品的生产，利用创新产生的产品垄断，可以极大地提高劳动生产率和资源利用率，为企业带来高额利润回报。（3）高风险性。高技术企业在高收益预期的同时面临更多的不确定性，技术的不确定、市场的不确定、人才的不确定、竞争的不确定性等造成高技术企业普遍高风险以及非常高的失败率。

综合以上分析，本书所界定的高技术企业包括三类企业：（1）在国民经济行业分类中属于高技术产业（制造业）的企业。（2）从事国家统计局行业分类中高技术服务业的企业；考虑到服务业企业的数据收集、统计较为困难和复杂，本书将《第三产业年鉴》中信息传输、软件和信息技术服务业、科学研究和技术服务业中的企业也视为高技术服务业类型的企业。（3）注册在中国境内、实行查账征收、经认定的省级以上高新技术企业。

1.2.3 高技术企业的政策法规

为激发高技术企业创新活力，促进高技术企业的健康发展，充分发挥市场在资源配置中的决定性作用和更好发挥政府作用，国家近年来采取了系列的政策法规，指导扶持高技术企业的发展。

2011年12月12日，国务院办公厅发布《关于加快发展高技术服务业的指导意见》，指出了高技术服务业发展的重点领域和重点任务，并提出制定和完善财税、融资渠道、市场环境、集聚发展、企业创新能力、人才培养、对外合作等方面的政策措施。

2014年1月7日，中国人民银行、科技部、银监会、证监会、保监会、知识产权局联合发布《关于大力推进体制机制创新扎实做好科技金融服务的意见》，大力推动体制机制创新，促进科技和金融的深层次结合，支持国家创新体系建设。

为加快推动科技服务业发展，国务院于2014年10月9日发布《关于加快科技服务业发展的若干意见》，提出重点发展研究开发、技术转移、检验检测认证、创业孵化、知识产权、科技咨询、科技金融、科学技术普及等专业科技服务和综合科技服务，提升科技服务业对科技创新和产业发展的支撑能力。

2014年10月29日，国家发展改革委发布了《关于加快国家高技术产业基地创新发展的指导意见》，部署了提升国家高技术产业基地发展水平的主要任务，提出了完善国家高技术产业基地管理评估机制。

2015 年 1 月 10 日，科技部发布《关于进一步推动科技型中小企业创新发展的若干意见》，提出几点意见：鼓励科技创业、支持技术创新、强化协同创新、推动集聚化发展、完善服务体系、拓宽融资渠道、优化政策环境等，培育壮大科技型中小企业群体，带动科技型中小企业走创新发展道路，为经济社会发展提供重要支撑。

2015 年 6 月 9 日，财政部、国家税务总局联合发布《关于高新技术企业职工教育经费税前扣除政策的通知》要求，高新技术企业发生的职工教育经费支出，不超过工资薪金总额 8% 的部分，准予在计算企业所得税应纳税所得额时扣除；超过部分，准予在以后纳税年度结转扣除。

2016 年 1 月 29 日，科技部、财政部、国家税务总局修订印发《高新技术企业认定管理办法》，明确国家重点支持的高新技术包括八大领域：电子信息、生物与新医药、航空航天、新材料、高技术服务、新能源与节能、资源与环境、先进制造与自动化等。

2016 年 2 月 26 日，财政部、科技部、国资委制定印发了《国有科技型企业股权和分红激励暂行办法》，旨在建立国有科技型企业自主创新和科技成果转化的激励分配机制，调动技术和管理人员的积极性和创造性，推动高新技术产业化和科技成果转化。

2017 年 5 月 2 日，财政部、税务总局、科技部联合发布了《关于提高科技型中小企业研究开发费用税前加计扣除比例的通知》，激励中小企业加大研发投入，支持科技创新。

为贯彻落实《国家创新驱动发展战略纲要》，推动大众创业万众创新，加大对科技型中小企业的精准支持力度，按照《深化科技体制改革实施方案》要求，科技部、财政部、国家税务总局研究制定了《科技型中小企业评价办法》，于 2017 年 5 月 3 日公布执行。

2018 年 1 月 16 日，国务院办公厅发布《关于推进农业高新技术产业示范区建设发展的指导意见》，旨在培育农业创新型企业，加快推进农业高新技术产业示范区建设发展，提高农业综合效益和竞争力，大力推进农业农村现代化。

1.3

本书的特色及内容安排

推动高技术企业的成长和发展既是一项事关创新型国家建设的长期战略任务，也是加快转变经济发展方式的迫切需求，高技术企业在区域和国家创新体系建设中发挥的作用越来越突出，其创新驱动发展能力如何进一步提升，是当前经济和社会背景下非常重要的问题。本书依据创新驱动战略理论和区域经济理论，结合定量研究和经验研究的方法，构建评价指标体系对我国高技术企业的发展水平进行综合分析和实证研究，探讨高技术企业创新绩效的形成机理和效应，深入剖析典型的高技术企业创新驱动作用机制，为高技术企业的发展提供政策建议和理论参考。

本书的特色表现在三方面：第一，构建高技术制造业、高技术服务业发展能力评价指标体系并进行系统分析。相较于以往的研究，本书的内容更为综合全面，能够更清晰地透析高技术企业的客观情况。第二，考察创新对高技术制造业、高技术服务业不同的驱动效应与作用机理。本书从理论和实证方面进行了深入探讨，从统计年鉴、产业报告、典型案例等多方面的数据和文字资料多方面验证，挖掘高技术企业的创新发展的驱动因素及其效应。第三，提出高技术企业创新能力提升机制，服务于创新实践，积极推进创新驱动发展战略与京津冀协同发展战略深度融合，为河北省高技术企业健康发展提供理论指导。

本书内容共分为八章。第一章是绪论，主要介绍本著作的研究背景、研究意义和研究内容，阐释高技术企业的含义和我国相关政策，为后续研究奠定基础。第二章，理论基础和文献综述。阐述本书所依托的理论基础，主要是区域经济理论、创新驱动发展理论、高技术产业相关理论、企业发展理论等；归纳和梳理高技术企业国内外相关研究进展。第三章，我国高技术产业发展现状。分析高技术产业发展特点及面临的挑战，河北省高技术企业发展概况及现行政策分析。第四章，我国高技术制造业发展能力评价。运用统计年鉴数据，从发展活力、发展支撑力、规划合理性、政策引导力等四方面，对全国各省市区高技术制造业的发展能力进行综合评价。本章还重点对京津冀三省市高技术制造业发展状况进行了分析评价。第五章，我国高技术服务业发展能力评价。运用统计年鉴数据，从发展规模、发展活力、发展潜力等三方面，运用主成分分析和聚类分析等方法对全国各省市区高技术服务业的发展能力进行综合评价。第六章，创新驱动与高技术企业发展关系的实证研究，考察创新来源与高技术制造业企业发展的关系、创新驱动对高技术服务业增长的贡献率分析。第七章，高技术企业创新驱动发展典型案例研究。主要对以岭药业、启奥科技、登海种业三个案例进行深入分析。第八章，结论与政策建议。针对本书研究形成的结论，并对河北省高技术企业创新驱动发展战略提出对策和建议。

第 2 章

理论基础和文献综述

本章主要是对以往相关理论和研究成果进行系统的梳理、回顾和述评，阐述本书所依托的理论基础，主要是区域经济理论、创新驱动发展理论、高技术产业相关理论、企业发展理论等；归纳和梳理高技术企业国内外相关研究进展。

2.1 区域经济理论

2.1.1 区域一体化理论溯源

一体化的原意是指不同主体联结形成一个整体，使得整体的效果大于各主体单独产生的价值。一体化实践中，以经济一体化特别是区域经济一体化最为凸显。区域经济一体化的定义最早由荷兰经济学家丁伯根 1954 年提出，他认为，区域经济一体化就是要消除限制经济有效运行的人为因素，通过彼此协调和统一，形成最适宜的国际（或区际）经济地域结构。后经理论的不断发展，从一般意义上认为，区域经济一体化是在世界生产力发展的客观推动和各国谋求国民经济持续发展主观努力的综合作用下，特定地区内的国家或地区通过达成经济合作的某种承诺或者组成一定形式的经济合作组织，谋求区域内商品流通和要素流动的自由化以及生产分工的最优化，直至形成各国经济政策和区域经济体制某种程度的统一。区域一体化的本质在于提升区域经济竞争实力和持续协调发展能力。内容涵盖打破区域内各经济地域单元间的行政区划限制，整合区域内各经济地域单元优势，对区域基础设施建设、生产要素流动、产业活动布局、生态环境保护等进行一体化规划、调整和管理，降低区域整体经济发展成本与社会运行成本，提高区域经济综合竞争力，全面实现区域内部经济的快速与协调发展。

区域经济一体化发展的理论基础主要由区域经济区位选择理论、区域经济分工协作理论和区域经济空间结构理论组成。其中，区域经济区位选择理论主要包括产业区位论、城市区位论和市场区位论，区域经济分工协作理论主要包括比较成本论、要素禀赋论和技术差距论，区域经济空间结构理论主要包括增长极论、极化论、倒 U 型论和一体化阶段论。

2.1.2　区域经济协调发展理论

区域经济协调发展理论主要是研究协调机制问题。目前研究中，主要有三种机制发挥作用，即市场机制、政府机制和组织机制。区域经济发展程度是三种机制共同作用的结果。市场机制下的区域协调论的实质是期望通过市场机制的自发调节，使资本、劳动等资源要素实现合理流转和配置，达到经济上的均衡。完善市场建设、健全市场制度是市场型区域协调论的核心观点。政府机制下的区域协调论是指在市场协调基础上政府必须予以干预的学说理论。该理论认为，市场力量的作用通常会增加而非减少区域差异，如果没有周密的政府干预，区域差异会不断扩大。组织机制又称为治理机制、社会调整机制、第三种调整机制，是指通过非政府非营利组织或民办非企业组织，以社会道德、社会舆论及公众参与等非行政和非市场的方式进行经济调整。不同于政府与企业的第三领域或者公民社会的出现，以及用协作代替竞争、用治理代替统治的民间组织机制的形成，完全是为了克服和弥补市场的失灵和政府的失灵。市场机制在要素空间配置、企业区位选择方面发挥基础性作用；政府机制通过一体化规划、一体化政策对市场机制存在的缺陷进行补位；而组织机制又通过参与决策、信息传递、利益协调、监督政府等发挥协同参与作用。三者在作用发挥方面相辅相成，不可或缺。

2.1.3 区域可持续发展理论

可持续发展已成为国家、城市、产业和企业等共同追求的目标。协调发展是可持续发展的首要基础和前提性因素，是可持续发展的动因和手段。可持续发展概念的明确提出，最早可以追溯到 1980 年由世界自然保护联盟（IUCN）、联合国环境规划署（UNEP）、野生动物基金会（WWF）共同发表的《世界自然保护大纲》。1987 年以布伦兰特夫人为首的世界环境与发展委员会（WCED）发表了报告《我们共同的未来》。报告中可持续发展被定义为：能满足当代人的需要，又不对后代人满足其需要的能力构成危害的发展。它包括两个重要概念：一是需要的概念，尤其是世界各国人们的基本需要，应将此放在特别优先的地位来考虑；二是限制的概念，技术状况和社会组织对环境满足眼前和将来需要的能力施加的限制。

区域经济系统是一个开放的人与自然相互依存与共生的复合生态系统，调整区域系统中物质、能量的良性循环过程要充分发挥人的能动作用，实现"经济—社会—环境"效益的最佳结合，达到区域经济系统内和区域经济系统间可持续发展的综合、协调、持续、稳固的演化。区域经济可持续发展系统的实质就是其地域空间内的经济、生态、社会这三个系统之间相互作用、制约、联系、影响和依存关系的不断变化、相互协调发展的运行问题。区域经济可持续发展的实现，也主要依靠这三个子系统间整体性有机联合的相互作用。

2. 2

创新驱动发展战略理论

2.2.1 创新驱动发展战略理论的演进

创新驱动战略最早可追溯到熊彼特的创新理论，1912 年原著以德文出版，阐述创新理论与经济发展的思想，后来被翻译成多种语言文字，其贡献在于首次提出了创新是生产要素的重新组合，尤其强调了创新对经济发展的本质性驱动作用。熊彼特认为，创新是一种新的组合方式，创新不仅仅局限于技术创新，而可能是一种模式、一种微小的改变，使得创新离大众不再遥不可及。创新驱动发展依赖于科学技术，但又与科技进步相辅相成，经济增长主要基于科学技术的创新带来效益和价值，既包含科技这一核心要素，还包括科技的转化，这样才能形成技术溢出的外部效应，创新驱动经济和社会发展。

战略管理学家迈克尔·波特（1990）在著名的钻石理论模型中，认为国家竞争优势主要反映在国家相关产业在国际上的竞争表现，其中生产要素是重要的影响因素之一，包括人力资源、天然资源、知识资源、资本资源、基础设施。但是在不同的经济发展阶段，驱动经济增长的生产要素并不相同。基于此，他提出国家竞争四阶段理论，由低到高依次为：要素驱动阶段、投资驱动阶段、创新驱动阶段和财富驱动阶段。前两个阶段驱动国家经济发展的产业特色主要表现在人力资源、天然资源和投资拉动等初级生产要素，创新驱动阶段把科技进步和知识资源等高级生产要素作为最重要的资源，企业成为创新的主体，通过知识、技术、企业的组织形式和制度等要素对初级生产要素进行创造性组合重构，推动企业广泛参与市场竞争，大力发展相关产业完善生产链条，形成竞争优势并保持可持续发展的能力。

世界经济论坛发布的全球竞争力报告，以人均国民经济生产总值和初级产品出口份额所占的比重，将经济发展分为三阶段：要素驱动、效率驱动和创新驱动。要素驱动战略认为经济发展依赖于天然禀赋优势，强调通过投资、廉价劳动力、自然资源等低成本要素的大量投入来开展竞争驱动经济增长；创新驱动战略则强调通过技术创新和制度创新来实现经济的可持续发展。全球竞争力报告显示：2008～2009 年，中国成功实现了由要素驱动向效率驱动的跨越，这意味着中国经济发展逐渐依赖于生产要素的配置效率，凭借资本密集型大企业的主导优势，以规模经济效应推动工业化进程。《2014 - 2015 年全球竞争力报告》指出，我国创新实力持续改善，已不再是一个廉价的、劳动密集型产品生产地，但还不是创新强国，在技术创新的新形势下，对于长期依赖低成本劳动力的中国而言，自动化、加强供应链效率等至关重要。我国要想实现向创新驱动阶段的"蛙跳"，还面临艰巨的任务。

我国创新驱动战略理论的形成经历了自主创新、创新型国家、创新驱动三阶段的历史演进，是一个不断丰富和完善的过程。2007 年，党的十七大提出，提高自主创新能力，建设创新型国家，这是国家发展战略的核心，是提高综合国力的关键。要坚持走中国特色自主创新道路，把增强自主创新能力贯彻到现代化建设各个方面，培养造就富有创新精神的人才队伍，培育全社会的创新精神。2012 年 11 月 8 日召开党的十八大，明确提出"科技创新是提高社会生产力和综合国力的战略支撑，必须摆在国家发展全局的核心位置"。深化科技体制改革，推动科技和经济紧密结合；构建以企业为主体、市场为导向、产学研结合的技术创新体系。新时代中国发展进入新阶段，创新成为驱动中国持续发展的第一动力。坚持把实现创新驱动发展作为根本任务，强调要推进科技创新与绿色发展、协调发展、和谐发展和扩大内需紧密结合，推动经济社会发展尽快走上创新驱动、内生增长的轨道。

2.2.2 区域创新生态系统理论

中国的经济发展模式已从"要素驱动"发展到"效率驱动"，但总体来看，要实现"创新驱动"发展，还面临科技创新中的"孤岛现象"和诸多"知识悖论"（王凯、邹晓东，2016）。创新系统研究源于各种创新失灵、注重制度对创新的影响，其概念最初应用于国家层面，后来拓展至区域层面。区域创新生态系统则利用生态学和生态系统理论探究和分析区域创新系统，重视创新组织群落协同演化及其与创新环境协同演化的重要性。现有研究可归纳为三方面。

第一，区域创新生态系统的概念及内涵。我国学者黄鲁成（2003，2006）较早提出了区域技术创新生态系统的概念，并将其定义为"在一定的空间范围内技术创新复合组织与技术创新复合环境，通过创新物质、能量和信息流动而相互作用、相互依存形成的系统"。吴金希（2004）从诺基亚衰败案例引出创新生态体系问题的重要性，在简要总结了国内外相关论述基础上，给出了"创新生态体系"的概念，并着重就其本质、内涵与特征问题进行了深入讨论。根据不同的分类标准对创新生态体系进行分类，将共性创新要素如人才、文化、技术标准等具有地域依赖性、难以流动的，以此为基础形成的创新生态系统称之为区域性创新生态体系；文章还对创新生态体系理论的政策含义进行了展望。

陈畴镛、胡枭峰、周青（2010）认为区域技术创新生态系统的建设不仅仅在于强调经济效益和生态效益的协调发展，而且在于强调各创新主体间建立良好的联系与合作。研究将生态学的研究成果引入技术创新领域，在对比分析区域技术创新生态系统特征与小世界网络特征的基础上，从小世界网络的视角分析其特征，分析了区域技术创新生态系统的集聚系数和特征路径长度，提出区域创新生态系统实质上是为了实现区域技术创新可持续发展的宏观网络，其具有集聚系数高和特征路径长度较短的小世界网络特征。

刘志峰（2010）认为区域创新生态系统是生态发展理念和模式在区域创新活动中的能动反映，其在本质上具有整体协调性、区域差异性、动态适应性、有序平衡性的特征，其功能机制主要有动力机制、复制机制、变异机制、重组机制、控制机制。如果将区域创新置于生态系统理论的视野内加以审视，可以发现，区域创新也是一个涉及诸多环境要素、具有特定结构模式并表现一定功能形态的生态系统。

王凯、邹晓东（2016）认为区域创新生态系统是一定区域范围内的创新主体为促进创新的物质、能量、信息的流动，与创新环境相互作用、动态演化和相互依存所形成的具有生态系统特征的网络化创新系统。两位学者梳理了区域创新生态系统情境下产学知识协同创新的现实问题、理论背景和研究议题，在理论背景中强调区域创新生态系统概念超越了传统区域网络与集群的内涵，强调非线性的复杂、动态和自适应性。

第二，区域创新生态系统运行机制的研究。区域创新生态系统，不仅有利于形成区域内政府与市场的协调关系，降低行政壁垒带来的制度成本，促进资源在更大范围内优化配置，而且有利于促进区域内城市、产业的协同互补，激发更多的知识创造和创新活动，打造高质量区域创新生态系统。玛丽（Mary Anne M. Gobble，2014）提出，区域创新生态系统概念超越了传统区域网络与集群的内涵，强调非线性、复杂、动态和自适应性，在这样的系统中同样的投入通常不会产生同样的结果，系统的行为不是其个体部分的总和，强调系统内各主体开放包容、资源互补、积极互动。黄（Hwang）和霍洛维茨（Horowitt，2012）通过对硅谷的创新系统研究发现，硅谷不断产生与进化新技术和新商业模式，具有超强的连接，形成了类似热带雨林的生态圈。硅谷的公司是一种开放型的生产方式，十分专业化，不同公司生产的部件相容，有利于快速的革新。两位学者认为硅谷生态圈的创新魔力在于消除了人们之间的隔阂，让创意、人才和资金能够以极低的成本流动，共享智慧和资本。这是一个类似热带雨林的生机勃勃的生态圈系统。该区域的成功正是得益于其独特的创新生态系统，社会网络、团队、身份、信任和环境状况等是构建创新生态系统的重要因素。

作为知识创造的重要源泉，研究型大学在区域创新生态系统中的作用日益受到关注，并逐渐成为区域创新生态系统的核心要素和运行的主导力量。布洛德哈格（Brodhag，2013）论述了研究型大学如何与区域创新生态系统中的创新主体进行交互与合作，并提出大学可以开展的有利于促进创新生态系统建设的活动，如高水平创新创业教育、情境化的知识和研发网络、构建开放协同的产学研合作平台、促进科技成果转化等。

第三，区域创新生态系统评价的研究。现有研究侧重于对区域创新生态系统适宜度、健康水平、竞争力、绩效等方面进行评价（裴成轶，2018）。从评价方法来看，主要是应用模糊综合评价法、主成分分析、数据包络分析法、熵值法等。周青、陈畴镛（2008）从经济和技术环境的视角分析区域技术创新生态系统适宜度，构建了区域技术创新生态系统适宜度评估指标体系，并甄选生态位评估模型对区域技术创新生态系统适宜度评估指标进行测算；选择中国部分区域利用该指标体系进行实证分析，实证结果表明中国东部地区的技术创新生态系统适宜度较高，西部地区较低，中部地区居中。苗红、黄鲁成（2008）采用模糊综合评价法对区域技术创新生态系统健康水平进行了评价。罗亚非、郭春燕（2009）根据生态系统健康理论，提出了区域技术创新生态系统健康的内涵，采用稳健主成分分析对区域技术创新生态系统绩效进行评价，重点对生态系统健康评价的评价指标权重及评价标准进行了研究。在此基础上，对苏州科技园区的健康状况进行了评价。罗亚非（2009）在其专著《区域技术创新生态系统绩效评价研究》中，用数据包络分析方法、熵值法、投影寻踪等多种方法对区域技术创新生态系统绩效进行了研究。根据生态系统群落、种群的概念，应用数据包络分析方法对30个区域的技术创新投入产出数据进行技术创新过程绩效分析，并揭示影响绩效高低的主要因素，探讨了制药业技术创新过程绩效以及制药业企业间的关系。采用熵值法和投影寻踪模型对30个区域技术创新生态系统结果绩效进行了分析。利用非参数统计方法对熵值法、投影寻踪方法的计算结果进行了验证。

陆燕春、赵红、吴晨曦（2016）基于新创新范式，构建了评价指标体系衡量区域创新生态系统的发展水平，其中一级指标包括创新驱动群落、创新扩展群落、创新协调群落以及创新环境等，采用熵值法，对我国30个省市的区域创新生态系统的发展水平进行综合评价。研究结果表明，创新驱动群落和创新环境在提升区域创新竞争力上起着关键作用，且从整体上看经济发展水平越高的地区，其竞争力水平也相对较高，最后提出增强"核心驱动力"、优化技术市场和促进中小企业发展的建议。

2.3

企业发展理论

2.3.1 企业内生因素成长理论

企业内生因素成长理论的产生可以追溯到亚当·斯密的劳动分工理论和马克思的分工专业化理论。斯密（1776）认为通过劳动分工，可以使生产效率大幅度提升。马克思认为，协作在历史上和逻辑上都是资本主义生产的起点，在协作与单个劳动之间存在着 $1+1>2$ 的关系。之后，以马歇尔和其追随者为代表的许多学者，从企业内部资源与能力的角度，进一步丰富和发展了企业内部成长论。马歇尔（1920）认为由于专业化分工导致企业内部出现新的协调问题，职能工作连续分解为系列不同的专门技能和知识，伴随着生产进程，不断增加的知识技能和协调，会衍生新职能，在企业内部形成新的知识积累，从而推动企业不断成长。

张伯伦（1933）和罗宾逊（1934）重点研究了企业的异质性。他们认为，中小企业固有的灵活性，可以及时适应市场变化并及时调整经营策略，形成特有的"产品差别"和"价格差别"，增强其竞争能力，使得中小企业能够在不完全竞争的市场条件下，与大企业共存。钱柏林列举了包括企业技术能力、品牌知名度和美誉度、商标和专利等企业的几种关键资源。

杜拉克（1954）第一次比较系统地提出了"企业成长问题"。真正推动这一理论形成并逐渐完善的，是作为现代企业成长理论界最具代表性学者和后马歇尔主义者的彭罗斯。彭罗斯（1959）首次全面论述了"企业成长理论"，被一致认为是企业内生性成长理论的开创者。她从经济学角度，通过研究企业内部动态活动分析企业行为，建立了一个"资源—能力—成长"的分析框架，继而得出企业内在因素决定企业成长的结论。她认为企业是一个资源集合体，其成长的动力来自有效协调和管理企业各种内部资源，企业的成长由自身独特力量决定而非市场力量。

钱德勒（1962）最早专门研究了现代工商企业的成长，他提出：企业扩张战略必须有相应的结构变化跟随。钱德勒（1977）指出，现代工商企业在协调经济活动和分配资源方面，超过市场力量而成为最强大的国家经济机构，其职业经理人则成为最有影响力的决策者集团，管理协调"有形的手"已经取代市场机制"无形的手"。钱德勒（1990）通过考察200家工业企业，从 1870～1990 年的发展动态，证明企业家对大规模生产设施、销售系统和管理组织进行互相联系的三重投资，导致了现代大企业的崛起。美国经济学家阿尔奇安和德姆塞茨（1972）等人提出团队生产理论，提出企业的实质是一种团队生产方式，企业成长是通过企业内部效率的提高完成的。企业的特征不是拥有优于市场的权威权利，而是企业对要素生产率和报酬的计量能力以及对内部机会主义的监督能力优于市场，能节约更多交易成本。

理查德森（1972）提出了"企业能力"概念并对能力进行了区分，指出能力是企业积累的知识、经历和技能的反映，能力的扩张引发企业质的变化。自此企业能力理论逐渐发展起来，继而形成了资源基础论、核心能力论、知识基础论和动态能力理论四种观点。

20 世纪 80 年代，企业内在成长理论得到了蓬勃发展，成为企业竞争力理论的一个重要基础，被应用在战略管理、产业经济等诸多领域。之后，对企业成长理论的研究一直在不断丰富和完善，视角也不断拓展，形成了众多的学派。沃纳菲尔特（1984）提出"企业的资源基础论"，提出企业通过拥有或控制的资源，来影响自身的竞争优势和收益水平，企业成长战略的实质，就是寻求运用现有资源和培育新资源间的平衡。

普拉哈拉德和哈默（1990）首次提出了核心竞争力的概念，指出企业核心竞争力是企业通过有效整合内外部资源和要素，从而获得为顾客带来特别利益的、独有的，同时能使企业保持超额稳定利润和持续竞争优势的技术和能力。

总之，企业内生因素成长理论总体上认为，企业成长的基本条件是企业内部拥有各种资源，对这些内部资源的综合管理和统筹协调，决定了企业的成长速度、成长方式和成长规模，形成了企业内部的动态演进过程，在这个过程中，企业逐渐形成自身的比较优势，从而构成了促进企业成长的核心资源和内在动力。

2.3.2　企业外生因素成长理论

企业外生因素成长理论，是指企业成长的因素主要来源于技术、成本结构和市场供需条件等外生变量，由于企业的边界和生产率由外生变量决定，企业只能通过被动地适应和主动地利用，来实现企业成长。

马歇尔是规模经济决定论的倡导者，他把决定企业成长的因素归结于"外部经济"和"内部经济"，企业实现规模经济，需要同时具备这两种经济。他认为，对于不断变动的企业，依赖技术、机械和原料的内部经济是易于发生的，而外部经济主要是取决于有组织的采购和销售经济。马歇尔的这一思想为后来钱德勒提供了丰富的养料。

施蒂格勒（1975）从产业生命周期的角度，分析了基于规模经济利益的企业成长规律，解释了如何在均衡条件下实现与竞争相容的问题。他认为，企业初始阶段的成长，主要是通过内部分工实现；随着市场的扩大，企业的成长主要是通过提高专业化程度实现。

科斯（1937）首次提出"交易费用理论"，他指出市场和企业是两种不同的"交易"方式，企业的内部交易方式和市场交易方式，都存在不同的交易费用，企业能够替代市场，是因为通过企业交易而形成的交易费用，比通过市场交易而形成的交易费用低。

威廉姆森（1975）系统研究了交易费用理论，将交易费用从资产专用性、不确定性和交易效率三个方面进行了重新定义，他认为企业的成长表现为企业的规模和边界，企业采取的交易方式要综合考虑交易的生产成本和交易费用。格罗斯满和哈特（1986）强调资产专用性，指出一体化水平取决于控制专用性资产的程度，剩余控制权是所有权结构的核心。

杨小凯和黄有光（1993）解释了在分散的市场中分工、组织程度、相互依存度以及企业结构的确定问题，证明了分散市场功能除了有效率配置资源，还寻求高效的专业化分工，当高效提高的交易收益大于费用导致的交易成本，就可以实现市场与企业的共同成长。

波特（1985）提出了竞争战略理论，构建了基于产业结构分析的竞争优势框架，提出了包括竞争者、购买者、供应者、替代者、潜在竞争者等产业竞争力的"五力分析模型"。企业在与这五种竞争力量的抗争中，可以应用总成本领先战略、差异化战略、专一化战略等通用战略。通用战略反之又会影响竞争力量、进产业结构和竞争规则，从而增强企业竞争优势。

2.3.3　非线性成长理论

企业成长的过程是企业结构和功能的不断优化完善，同时与外部环境形成良性互动的过程。企业成长一般表现为规模成倍扩大，内部结构和功能成体系优化等线性方式的成长，而企业的非线性成长通常表现为爆发式增长，即企业规模成指数型的增长，企业内部结构和功能成比例的优化完善，也意味着可能出现突然的衰退，甚至是彻底的失败。非线性的成长规律是创业企业，特别是创新型企业的最突出特征。

彼得·圣吉（1990）基于系统动力学，提出了成长上限（limits to growth）的系统基模，他认为企业的成长是一个超越成长上限的过程。企业受某种因素推动和影响而逐渐发展壮大，但这种发展是有限度的，当它发展到一定程度时，总有其他因素限制或抑制其成长，使其成长逐步减缓，甚至停止。林泉（2002）基于系统基模的原理，分析了民营企业的成长会遭遇管理受限和潜在市场不足等显著的成长上限问题，提出"成长与投资不足"的系统基模，得出导致民营企业成长上限问题的主要原因。

杨文斌（2006）通过构建成长动态特性模型，模拟分析了企业成长的基本结构、基本回路、典型动态行为模式及其动力学性质，揭示了各种影响要素之间存在较为复杂的非线性作用。刘业政、潘生（2006）基于混沌理论提出了企业的系统演化是驱动力与耗散力互相竞争的过程。王丽平、许娜（2011）运用熵理论和耗散结构理论，通过企业成长力的熵值变化，进行中小企业可持续成长能力的评价，确定能力策略代际转变的最佳时机，以此来推动中小企业持续成长。

李森森（2014）尝试运用复杂系统假设，以非线性分析的方法，建立企业成长的非线性分析范式。他认为企业成长，是在内生与外生要素的非线性作用下，涌现出的自组织行为，最终实现从无序系统到有序系统、从一种有序结构到另一种有序结构的成长演进。

总之，非线性成长理论认为，由于影响企业成长的因素众多，这些因素可能存在于企业内部（如企业家能力、技术创新等），也可能存在于企业外部（如政策环境、创新网络等），致使企业成长中呈现出大量非线性现象，而事物之间一旦具有非线性关系，就意味着它们的关系出现了质的变化。因此，纯粹的线性研究范式往往不能抓住企业发展的本质，需要有效地运用非线性方法揭示其成长规律，这一定程度上也为建立促进企业发展的成长机制研究提供了新的路径。

2.4

高技术产业创新相关研究

2.4.1 高技术产业创新系统的相关研究

高技术产业是创新要素密集且对创新环境敏感的产业，产业内部的创新要素和创新环境已经形成了高技术产业创新生态系统。高技术产业的研发创新活动过程投入的创新要素和固定资产投资形成的创新环境的协同关系不仅影响到创新要素的配置效率及创新环境的优化改善，也对高技术产业的创新效率和生产经营水平产生重要影响。高技术产业创新系统具有创新要素的多样性、创新成果的质变性、创新对象的复杂性、产业范围的区域性、创新目标的共赢性和创新活动的风险性等特点。

第一，由于高技术产业的创新主体是高技术企业，高技术企业是高新技术产业创新系统的核心要素。国内外的经验表明，高技术产业的发展与高技术产业创新系统中的政府、企业、社会组织等多方面的系统要素紧密相关。在高技术产业创新活动中，新的生产函数的引入不仅是单个或某几个企业仅仅依靠自身的力量就能实现的，而是需要政府的支持、社会组织的积极参与，它是由多要素参与的一项大系统的工程。

第二，高技术产业创新活动的目的是促进高技术产业发展状况的改变，包括传统产业的提升和新产业的涌现和兴起。高技术产业创新活动的作用是在特定环境条件下，创新者能动地引入新生产函数以大大改进高技术产业发展进程，使得高技术产业发展实现质的进步。

第三，高技术产业经济的研究对象包括高技术产业组织、产业结构、产业布局、产业政策等内容，它们也是高技术产业创新活动的对象。从产业经济的层面看，产业创新的内容是十分丰富而复杂的，高技术产业组织创新包括高技术产业市场创新、高技术企业竞合创新、高技术企业规模创新等内容；高技术产业结构创新包括高技术产业技术创新、高技术产业关联创新、高技术发展方式创新等；高技术产业布局创新包括高新技术产业布局模式创新、高技术产业集群创新等；产业政策是规范、引导、促进高技术产业健康发展。

第四，高技术产业创新活动的对象是处于特定区域内的高技术产业。高技术产业创新活动往往是在特定区域内进行的，它可能是一个国家范围内的高技术产业创新活动，也可能是一个地区范围内的高技术产业创新活动，更可能是处于某一特定地理区域内的高技术产业集群的创新活动。因此，高技术产业创新活动具有区域性的特征。

第五，实现共赢是政府、产业界、其他社会组织共同参与高技术产业创新的目标。政府的经济和社会目标、产业界和其他社会组织的经济目标在高新技术产业创新活动中都需要得到兼顾。为了实现共赢，在高技术产业创新的过程中，就必须集成多方资源、挖掘创新潜能，使参与者都能从创新的成功中获取期望的收益。

第六，由于高技术产业创新是创造性的活动，创新的过程中存在着较大的风险；创新活动参与者的复杂性、创新资源及其组合的复杂性以及创新者之间目标协同的复杂性，也增加了高技术产业创新活动的不确定性，加大了高技术产业创新活动的风险性。因此，高技术产业创新活动项目的选择、制度安排、组织管理需要有效的计划与控制，以降低风险、提高创新活动的成功率。

目前，国内外学者对高技术产业创新生态系统的研究主要集中在自主创新战略、创新集聚发展机制、创新集成能力、生态系统整合路径、协同性评价等方面。

陈新国等（2011）利用 1995～2008 年我国高技术产业的相关数据，运用协整理论方法，从高技术产业的创新、科技投入及增长速度等三方面研究了高技术产业与经济增长之间的关系。结果表明：我国高技术产业与经济增长正相关，两者存在长期稳定的均衡关系，且这种均衡关系对当期非均衡误差的自身修正能力较强，说明我国高技术产业对经济增长有很强的拉动作用。李煜华、武晓锋、胡瑶瑛（2014）认为战略性新兴产业创新生态系统以创新为主要驱动力，在对战略性新兴产业创新生态系统主体关系和系统运行方式进行分析的基础上，运用 Logistic 方程构建创新生态系统内企业和科研院所协同创新模型，分析其协同创新稳定性及条件。在此基础上，提出优化共生单元、选取共生模式、培育共生环境及建立协同创新共生界面是实现创新生态系统稳定协同创新的重要途径，并提出了相应的协同创新策略。

吴绍波、顾新（2014）考察了战略性新兴产业创新生态系统协同创新的治理模式。在战略性新兴产业创新生态系统运行过程中，由于企业组织相互依赖的非对称性、技术配套的专用性、集体行动的"搭便车"行为以及技术学习能力的差异性等原因，很容易滋生机会主义行为。若要抑制成员的机会主义行为并实现合作租金的合理配置，战略性新兴产业创新生态系统需要选择多主体共同治理模式，建立健全治理体系。在外部治理模式中通过建立宏观文化机制、集体制裁机制、声誉机制等提供合作环境和氛围，规范创新生态系统内企业的行为；在内部治理模式中要围绕以专利为主要形式的知识产权建立谈判协商机制、利益分享机制、信息披露与平台开放机制等优化合作租金的配置。

王宏起等（2016）基于创新生态系统理论思想，运用解释性案例研究方法，通过对比亚迪新能源汽车创新历程的考察，探究新能源汽车创新生态系统演进机理。研究表明，新能源汽车创新生态系统依次遵循基于"渐进性小生境→开放式产品平台→全面拓展"的三阶段演进路径，其演进的内在机理是新能源汽车创新链和采用链的协同机理，并且是在创新驱动力、需求拉动力和政策引导力的动态综合作用下实现了持续演进。

何向武、周文泳（2018）借鉴创新生态系统理论，基于 Lotka-Volterra 模型，构建了一套较为系统的区域高技术产业创新生态系统协同性的分类评价体系；以《中国高技术产业统计年鉴》（1997～2014 年）的相关数据为基础，对中国不同省份的区域高技术产业创新生态系统的研发创新活动水平与固定资产投资水平协同关系进行测算；运用聚类分析方法依据生产经营水平指数对中国 31 省市区域高技术产业创新生态系统协同性的分类评价，诊断出不同类别区域的薄弱环节并提出相应的政策建议。研究表明：我国高技术产业创新生态系统协同性总体态势较好，不同类型省市的创新生态系统生产经营水平差距悬殊；切实提高固定资产投资效益，不断提升研发创新活动效率，并促进研发创新活动和固定资产投资同步发展，是相对落后省市改进高技术产业创新生态系统协同性的主要路径。

2.4.2　高技术产业的创新效率研究

高技术产业中"投入—产出"的转化效率，对于研发资源的合理配置、企业研发能力的提升有着重要意义。国内外的学者们从不同角度对高技术产业创新效率进行了大量的研究。从研究方法上看，创新效率的评价主要分为参数方法（parametric estimation method）和非参数方法（non-parametricestimation method）。参数方法以随机前沿方法（stochastic frontier analysis，SFA）为代表，非参数方法多采用数据包络分析（data envelopment analysis，DEA）。表 2 - 1 是 DEA 方法与 SFA 方法比较。

表 2 - 1   **DEA 方法与 SFA 方法比较**

预测项	DEA	SFA
理论基础	数学规划	计量经济学
是否考虑随机影响	否	是
关于效率假设	存在无效率	存在无效率
可测算范畴	技术效率、规模效率、配置效率	技术效率、规模效率、配置效率、技术进步、全要素生产率变化
所需变量	投入产出数量	投入产出数量
处理指标	多投入、多产出	多投入、单一产出
可处理数据类型	截面数据、面板数据	截面数据、面板数据

SFA 方法的理论基础是数学规划，主要适用于单产出和多投入的相对效率测算，它需要先设定一个投入产出函数，然后将该产出函数的误差项目设计成复合结构（这一结构中包含了衡量投入产出效率的随机项），并根据误差项的分布假设不同，采用相应的技术方法来估计生产函数中的各个参数，从而计算出投入产出效率。其最大优点是通过估计产出函数对投入产出的过程进行了描述，从而使对投入产出的效率估计得到了控制。

DEA 方法的理论基础是计量经济学，最初由查恩斯（Charnes）、库珀（Cooper）等人于 1978 年创立，这种方法以相对有效率概念为基础，根据一组关于输入—输出观察值来估计有效前沿面，并根据各决策单元（DMU）与有效生产前沿面的距离状况，确定各 DMU 是否有效。相比 DEA 的方法，它主要是考虑了随机影响，可测算范畴包括技术效率、规模效率、配置效率、技术进步、全要素生产率变化等。DEA 模型根据前提假设的不同，分为投入导向法和产出导向法。投入导向法假设厂商为生产一定量的产出而努力实现成本最小化。相反地，产出导向法则假设厂商在给定成本约束下追求产出最大化。

依据 DEA 和 SFA 方法，国内外学者对高技术产业的创新效率进行了评价。路易斯·迪亚斯·巴尔泰罗（Luis Diaz-Balteiro，2007）、阿斯特里德·卡尔曼（Astrid Cullmann，2008）、许方明（2009）、明妮·孔迪（Mini Kundi，2015）等运用 DEA 的不同模型分别对西班牙、东欧、中国台湾、美国等国家或地区的技术创新效率进行了评价。麦克德·费里奇（Michael Fritsch）等人（2010）通过构建 R&D 投入与产出模型研究区域产业专业化与区域技术创新效率及其相互关系，发现二者之间存在倒"U"型关系。马尔戈扎塔（Malgorzata Runiewicz-Wardyn，2013）测度高技术产业及其知识密集型服务业的创新效率及其在产业发展中所起的作用，认为技术创新不是从实验室到市场的简单线性模型路径，而是螺旋的创新过程。陈凯华等人（2014）提出一个连贯的两步骤区域创新系统绩效及其决定因素的模型，第一步是测量效率与网络数据包络模型有关，包括上游的技术创新过程与下游的技术商业化过程，第二步考察政策性因素对各阶段及整体效率的影响。瓦莱丽娅·科斯坦蒂尼（Valeria Costantini）等人（2015）从技术创新能力与行业出口规模的角度探讨欧洲新的扩张政策，基于技术的引力模型去测度在新旧欧盟间技术创新能力的出口驱动力。雷内·贝尔德博斯（Rene Belderbos）等人（2015）测度并探究研发合作与创新绩效的时空格局演变，并以西班牙 2004 ~ 2011 年创新型企业的面板数据探讨技术创新效率的差异变动。

国内方面，余泳泽（2009）应用 SBM 模型从技术开发、成果开发两个阶段考察 1995 ~ 2007 年我国 19 个省域高技术产业创新效率，发现两个阶段中技术创新的平均效率都较低，且有持续恶化趋势，但全要素生产率呈现波浪式增长。白俊红等人（2009）采用 1998 ~ 2007 年我国 30 个省份的研发面板数据，应用随机前沿模型测算了各地区研发创新效率，并考察各创新主体及其联结关系对创新效率的影响。成力为等人（2011）从"成本最小"与"技术最优"构造基于要素价格的创新效率指标，并利用三阶段

DEA-Windows 测算了 1996~2008 年我国 17 个四位码高技术产业中 13 个内外资可比产业的创新效率，结果显示低创新效率主要源于低配置效率，低研发效率主要受限于低规模效率。肖仁桥等人（2012）基于网络 DEA 模型研究了 2005~2009 年我国 28 个省份的高技术产业技术创新效率，结果显示整体效率及其两子效率均偏低且呈倒 U 型变化，多数省份均为"低研发—低转化"模式。邱兆林（2014）也应用 SFA 方法测算了我国高技术产业研发效率与转化效率，结果显示两效率都处于较低水平但都处于上升阶段，并认为企业应该成为创新行为的主体。

除了对搞技术产业的创新效率进行评价以外，也有不少研究着眼于创新效率的影响因素。如布朗斯特罗姆（Blomstrom，1983）对墨西哥实证研究发现外商直接投资（FDI）对本国技术效率具有提升作用，可以采用劳动生产率、资本密度与产出规模衡量技术创新效率，本国企业的技术效率与国外企业的参与竞争正相关，外资具有正的技术溢出效应。西玛·夏尔玛（Seema Sharma）等人（2008）分别选取一些发达国家与发展中国家作为研究对象，以 R&D 经费与人员作为投入，以专利授权量作为产出，采用 DEA 方法对 22 个国家的研发效率实证分析，结果显示规模报酬不变下中日韩三国相对技术有效；可变规模收益下，除中日韩三国外，印度、匈牙利、斯洛文尼亚等国也相对技术有效。罗伯特·阿尔瓦雷茨（Roberto Alvarez）等人（2003）探讨小企业技术创新效率的决定因素，有证据表明小企业的创新效率要远低于大企业，采用智利工厂的调查数据与非参数确定性前沿方法探究哪些因素可以解释技术效率差异。梅秀清（Mei Hsiu-Ching Ho）等人（2013）指出大学在纯学术研究活动商业化这个复杂的技术转移过程中起着至关重要的作用，而且通过两阶段 DEA 方法实证发现，相对于价值创造阶段，大学的作用能最为有效地发挥在技术研发阶段。

国内学者对技术创新能力及效率影响因素的研究也较为丰富。李晓钟、张小蒂（2007）采用江浙地区 1995~2006 年的相关数据实证研究 FDI 对区域技术创新能力的影响，结果显示 FDI 具有显著的促进作用但区域差异也较为明显。两位作者认为 FDI 对区域技术创新能力的影响程度至少与两个方面相关，一是区域经济发展的特点及利用外资的模式；二是技术本身的原创程度、技术含量、研制难度及其对企业的重要性等。微观经济主体的控制权状况与内部化约束形态是影响区域技术创新绩效的关键。江珂（2009）对我国 1995～2007 年 29 个省份的面板数据实证分析，结果显示环境规制对技术创新无显著的正效应，环境规制需与人力资本相结合才能对技术创新有一定的推动作用。

郑琼洁（2014）根据 1999～2011 年中国 37 个工业行业的相关数据，首先基于随机前沿方法对技术创新效率进行测量，然后利用面板数据的系统广义矩估计（SYS-GMM），实证检验了中国政府在技术创新投入和知识产权保护方面的行为对技术创新效率的影响。结果显示：中国工业行业技术创新效率整体较低，其中政府投入行为对技术创新产生显著的负面影响，而政府产出行为对技术创新为不显著的正向影响。文章还探讨了除政府因素外，企业规模、企业研发支持、行业竞争程度、行业所有制结构、境外研发投入及企业自身业绩对技术创新效率的影响。范允奇、李晓钟（2014）采用 2000～2011 年省际面板数据为样本，采用 SFA 模型实证研究了我国高技术产业技术创新效率及其影响因素，并进而对政府 R&D 投入在技术创新效率中的空间外溢效应进行分析。研究发现：我国高技术产业技术创新效率总体呈下降趋势而区域间差距不断缩小；政府 R&D 投入和自主创新倾向对技术创新效率没有明显影响，地区开放度对技术创新效率有负面影响；在政府 R&D 投入的空间外溢方面，财政竞争引发的负向外溢比知识溢出形成的正向溢出更为显著，除西部政府 R&D 投入对中部高技术产业技术创新效率有正向空间外溢外，政府 R&D 投入对高技术产业技术创新效率的空间外溢表现为发达地区对不发达地区的负向空间外溢。

肖仁桥、陈忠卫、钱丽（2018）将区域间技术异质性和区域内行业并联等特征纳入统一框架，探索中国高技术制造业创新效率及其影响机制，分析制约地区效率提升的具体行业和因素。研究结果表明，中国高技术制造业创新效率偏低，东、中、西部地区效率依次递减，医疗设备制造业效率最高，航空航天器制造业效率最低。东部与中、西部间的技术差距徘徊于 0.300，东部省份为高管理无效低技术差距无效型，中、西部省份主要是低管理无效高技术差距无效型。通过行业无效率分解发现，全国因电子及通信设备、航空航天器和医药制造业无效造成的损失较大。企业规模、创新氛围、政府支持对整体效率具有明显提升作用，政府支持对创新效率的促进效应随企业规模的增大而减小，各因素对分行业效率影响存在差异。

2.5

高技术企业的相关研究

本书研究的问题是创新驱动战略下的高技术企业发展问题，与此相关的高技术企业研究主要包括两个主题：高技术企业的创新研究、高技术企业与产业发展的关系研究。

2.5.1 高技术企业的创新研究

这一主题下又包括创新战略、创新绩效、知识产权等内容。

第一，高技术企业创新战略方面的研究。李武威（2012）应用灰色系统理论考察行业特征对我国高技术企业技术创新能力的影响。在构建的企业技术创新能力评价指标体系的基础上，采用我国 2006~2008 年高技术产业数据，应用整体性灰色关联分析方法识别了影响我国高技术企业技术创新能力的主要因素和次要因素；应用灰色局势决策方法对我国各高技术产业的技术创新能力进行了排序；应用 GM(0，N) 模型量化分析了行业特征对我国高技术企业技术创新能力的影响。研究结果表明：R&D 密集度、技术密集度、行业开放程度、外资企业规模比重等对我国高技术企业技术创新能力的影响相对显著，而国有企业规模比重、市场集中度、本土企业消化吸收能力等对我国高技术企业技术创新能力的影响相对较弱。

颜永才（2015）研究了高技术企业的自主创新战略问题，重点考察企业创新生态系统与自主创新战略之间的关系。研究认为企业的生存与发展离不开自主创新，企业创新可以看作是一个生态进化系统，企业通过改变系统的边界或组织结构、整合企业创新资源获得竞争优势并适应环境的变化。而企业自主创新能力是高技术企业内在生态系统中的重要组成部分，主要依靠内部之间复杂因子之间的相互作用来实现，而企业获取有效资源的能力，则直接影响到企业进行自主创新的投入和产出能力，可见，提升创新生态系统竞争力对企业自主创新战略的实现具有重要作用。在此基础上，基于企业创新生态系统，研究系统内有效整合多方资源的创新路径，构建新常态下企业创新生态系统与自主创新模型。苏屹、刘敏（2018）研究了高技术企业可持续发展战略问题，高技术企业的可持续发展机制由自组织机制、遗传机制、变异机制、选择机制共同组成，这些机制相互影响，共同作用，形成整体功能效应。结合高技术企业创新生态系统的特点以及可持续发展的运行机制，构建高技术企业创新生态系统可持续发展评价指标体系，运用因子分析和 Topsis 综合评价法，对我国 29 个省（自治区、直辖市）的高技术企业可持续发展情况进行评价研究发现：我国各省份高技术企业创新生态系统可持续发展水平参差不齐，位居前列的城市，科研基础雄厚，科研成果产出值增长速度较快，具较强的可持续发展优势；高技术产业发展水平较高的地区，企业创新生态系统的可持续发展可能面临瓶颈。为了促进高技术企业的可持续发展，必须更新观念，鼓励自主创新，保证资源供给，推进系统产业结构升级及完善配套政策等。

第二，高技术企业创新绩效研究。杨芸、洪功翔（2016）基于 DEA-Tobit 两阶段模型研究我国国有高技术企业创新效率及其影响因素。研究发现：国有高技术企业具有创新效率优势；不同地区不同行业高技术企业创新效率差异大；政府补助和企业规模不利于国有高技术企业创新效率提升，而出口交货值与技术改造经费支出有利于其效率进步。宋丽颖、杨潭（2016）分析了高技术企业创新中的研发投入问题，运用非线性转换方法（PSTR）作为分析工具，研究了以财政补贴、行业集中度及相关因素作为解释变量，与高技术企业 R&D 投入之间的非线性关系。研究结果发现：（1）财政补贴、行业集中度是高技术企业 R&D 投入的重要影响因素，且呈现复杂的非线性关系。（2）财政补贴显著促进高技术企业 R&D 投入，存在明显的挤入效应；但随着财政补贴强度的提升，财政补贴对高技术产业 R&D 投入的正效应将会减弱，即出现挤出效应。（3）行业集中度的提升会显著促进企业 R&D 的投入，然而行业集中度的过度提升会阻碍高技术企业 R&D 投入。

　　刘中燕、周泽将（2018）关注高技术企业的研发投入与国际化之间的关系，认为企业创新能力的提升对于促进企业国际化经营乃至推动中国"走出去"战略的顺利实施具有重要的作用，而创新能力的提升主要依靠自主研发投入。基于此，两位学者以 2008～2015 年的中国资本市场 A 股上市公司为研究样本，实证考察了研发投入对企业国际化经营的影响。在此基础上，两位学者进一步检验了高技术行业和高管政治关联对研发投入与国际化经营之间关系的调节作用。研究发现：研发投入显著地提高了企业的国际化经营程度；与非高技术企业相比，高技术企业研发投入对企业国际化的促进作用更强；高管政治关联削弱了研发投入对企业国际化的促进作用。基于上述研究结论，文章提出，为提高中国企业的国际化经营程度，应当鼓励企业加强研发投入，兼顾高技术行业与非高技术行业的平衡发展，但要注意控制高管政治关联的负面影响。归纳现有研究，除了研发投入之外，影响高技术企业创新绩效的影响因素主要有：（1）企业规模。朱晋伟、梅静娴（2015）选取 2005～2013 年中国高技术产业相关数据，研究高技术企业创新绩效的影响因素。研究发现：出口比率与创新绩效在大型和中型企业里皆呈倒 U 型关系；R&D 经费比率与创新绩效在大型企业中呈正相关关系，而在中型企业里呈倒 U 型关系。（2）市场结构。王楠等（2017）以中国工业企业数据库 2005～2007 年四个高技术行业 455 个企业层面的数据为样本，实证分析了研发投入、市场结构对高技术企业绩效的影响。研究结果表明，在集中度较低的市场中竞争程度的减弱会强化研发投入对企业绩效的促进作用，然而在集中度较高的市场中市场结构的调节作用并不显著。陈（Chen）和维克托（Victor，2014）实证分析了新兴市场的产权结构与创新成果产出间的关系。构建了一个关于市场集中度和技术创新所有权的模型，研究发现产业中企业的数量取决于创新的技术成果所有权的归属，产业内新进入者的数量与技术机会呈正向变动关系，这也就意味着如果进入者获得创新技术成果的可能性越高，会影响产业内企业数量和不对称信息，进而影响着创新绩效。2014 年"全国企业创新调查资料开发"课题组调查分析了我国高技术企业创新状况，研究发现：我国高技术企业创新活跃程度较高，创新能力明显高于工业企业，创新对企业生存发展的作用也得到绝大多数企业家的认可。对于创新的影响因素，企业家普遍认为，"高素质的人才"和"员工对企业的认同感"对企业创新成功非常重要，政府相关政策也起到了较为积极的作用，而"缺乏人才或人才流失""创新费用方面成本过高""缺乏技术方面的信息"是阻碍高技术企业开展技术创新活动的主要因素。

第三，高技术企业知识产权相关研究。高技术企业为知识密集型企业，知识产权的开发、保护及其运营管理对企业发展至关重要。霍尔格尼尔森（Holgersson，2013）研究发现，对高技术初创企业，知识产权似乎不如大企业那么重要，不过当被用来吸引顾客和风险投资时，专利对于中小高技术企业的生存和发展就显得至关重要了。对高技术创业企业而言，尽管有形资产上的劣势短期内难以改变，但对于知识产权资产的有效管理和运用却可以为企业创造新的竞争优势，促进企业的快速成长。我国学者王重鸣、薛元昊（2014）提出知识产权是高技术企业竞争优势的重要来源。因此，如何构建知识产权创业能力以促进企业的快速成长，成为学者和企业家共同关心的问题。在以往文献的基础上，从创业能力的视角出发，以"探索—转化—开发"的组织学习理论为基础，通过对三家国家高新技术企业的案例进行比较和分析，可归纳出知识产权创业能力的三个维度，分别是：获取能力，包括内部创造和外部吸收；维护能力，包括产权保护和系统构建；运营能力，包括产品运营和产权运营。研究结论一方面扩展了学界对知识产权创业问题的认识，为相关研究提供借鉴，另一方面也对高技术企业的知识产权创业实践提供了指导。

康鑫（2012）运用系统理论和知识产权相关理论根据国内知识产权具

体环境从知识产权开发、知识产权保护、知识产权运营三个维度构建了中国高技术企业知识产权管理系统及评价指标体系，并运用群组决策特征根法对评价指标体系中的关键要素进行识别，结合10家典型高技术企业，对他们的知识产权管理系统的运行状况进行实证分析，为高技术企业知识产权科学有效管理提供了新的方法和思路。

池仁勇、孙浩（2011）采用调查问卷数据分析探讨高技术企业的专利申请动机，将之归纳为"拓宽市场和营销""获得垄断收益"和"设置专利阻拦"三种，并选择 DEA-C2R 模型分别对三类企业的整体效率、技术效率及规模效率进行测度，研究结果发现，以"获得垄断收益"为专利申请动机的企业的 R&D 效率最高。

2.5.2 高技术企业与产业发展的关系研究

邓路等人（2009）运用高技术产业 1999～2007 年 13 个三位码行业面板数据，定量评估内资企业自身研发投入及行业内 R&D 溢出对该行业自主创新效率的影响机制，结论为：该行业内资企业自身 R&D 资本投入和研发人员投入对其创新产出的提高具有显著的促进作用；高技术产业总体的国内技术购买、技术引进及外资企业本土化 R&D 投入通过研发创新领域相互竞争机制对该行业自主创新效率存在显著正向溢出效应。在消化吸收能力较强的行业中，行业总体国内技术购买水平对内资企业创新产出存在负向 R&D 溢出效应。两位学者还从 FDI 溢出及出口拉动效应两方面度量了 FDI 对该产业整体创新水平以及内资企业自主创新效率的不同影响机制，认为高技术产业近年来外资的进入及其出口导向的特征客观上促进了该行业整体创新效率的提高，但溢出效应主要局限在外资企业，对内资企业自主创新效率的溢出效应不显著。内资企业对国外先进技术的消化吸收所作的投入对其吸收 FDI 及其出口正向溢出效应起到了显著的促进作用。我国高技术产业中，FDI 强度的增加总体上对于我国该行业中的内资企业的自主创新水平存在负向影响，外资企业本地化 R&D 投入的增强通过示范效应对该行业中的内资企业自主创新效率的提高具有促进作用，内资企业科技活动人员的投入对外资企业的影响为负。

谢林辉（2016）考察了四川省高技术产业内五大行业，研究发现因为各子产业存在个体差异，市场结构对各行业两阶段创新绩效影响的作用方向及大小均存在差异。从四川省高技术产业整体上来看，市场结构（市场集中度）对研究开发阶段创新绩效的影响显著为正，而与成果转化阶段的创新绩效呈显著负相关。郭建平、常菁、黄海滨（2018）认为投入产出效率的高低直接关系到一个地区的产业结构优化和社会经济发展进程，选用数据包络分析（DEA）方法，将高新技术企业就业人员、科技活动人员、科技活动经费作为投入变量，高新技术企业经济效益、社会效益作为产出变量，构建高新技术企业投入产出效率评价指标体系。采用 2016 年广东、江苏、山东、浙江、湖北、上海、北京、安徽八省市不同技术领域的高新技术企业相关数据，对其综合效率、纯技术效率、规模效率进行评价；基于产业发展视角，对各技术领域投入产出效率有效性进行探讨，分析影响投入产出效率的主要因素，为提升高技术产业技术创新效率提出政策建议。

2. 6

研究小结

本章归纳总结了理论基础及其相关研究，发现高技术企业的创新战略、创新绩效、知识产权、高技术产业发展是本领域学术热点问题。通过搜索和阅读国内外相关领域学术方面，发现国外的研究侧重于战略管理、技术创新、服务创新等学术领域；国内研究对创新驱动战略理论、高技术企业创新进行了剖析，创新驱动下的高技术企业发展研究相对较少，本书关注了这一热点问题，并且将高技术制造业和高技术服务业分别进行研究，运用经验数据和典型案例的研究方法，深入挖掘高技术企业创新驱动的作用机理。

第3章

我国高技术产业发展现状

本章分析我国高技术制造业和高技术服务业发展概况，并且分析经济新常态下河北省高技术企业和高技术产业发展概况及财政政策。

3.1

我国高技术制造业发展概况

3.1.1 我国高技术制造业发展特点

在国家创新驱动战略和《中国制造2025》的积极引领下，我国高技术制造业呈现出规模与效益同步提升、创新与发展同步推进的态势。2016年，高技术制造业产业规模不断扩大，经营效益增长较快，新产品销售水平明显提升，吸纳就业能力稳步提高，固定资产投资保持较高增速，创新能力进一步增强，高技术制造业对我国经济增长的贡献进一步加大。

1. 产业规模不断扩大

截至2016年底，我国高技术制造业企业突破30 000家，达到30 798家，2015年为29 631家，年增长3.9%；占规模以上制造业企业的比重为8.7%，比2015年提高0.4个百分点。全年实现主营业务收入15.4万亿元，比上年增长9.9%，比制造业增幅高4.4个百分点。2016年高技术制造业增加值比上年增长10.8%，比同期GDP不变价增速高4.1个百分点，对经济增长的贡献进一步增强。本书整理了2009～2016年我国高技术制造业企业数量，高技术制造业中的代表性产业包括医药制造业、化学药品制造业、中成药制造业、生物生化制品的制造业、航空航天器制造业、电子及通信设备制造业、通信设备制造业高技术产业企业数量（见表3－1）。

表3－1　　　　2009～2016年我国高技术制造业企业数量　　　　单位：家

指标	2009年	2010年	2011年	2012年	2013年	2014年	2015年	2016年
高技术产业企业数	27 218	28 189	21 682	24 636	26 894	27 939	29 631	30 798
医药制造业高技术产业企业数	6 807	7 039	5 926	6 387	6 839	7 108	7 392	7 541
化学药品制造高技术产业企业数	2 494	2 525	2 172	2 274	2 366	2 371	2 416	2 421
中成药制造高技术产业企业数	1 510	1 550	1 398	1 493	1 555	1 592	1 622	1 640
生物、生化制品的制造高技术产业企业数	815	862	731	821	889	934	975	959
航空航天器制造业高技术产业企业数	220	237	224	304	318	338	382	425
电子及通信设备制造业高技术产业企业数	12 831	13 425	10 220	12 215	13 465	13 973	14 634	15 383
通信设备制造业高技术产业企业数	1 605	1 540	1 206	1 323	1 449	1 507	1 719	1 844

分登记注册类型看，内资企业的主导地位提升，私营和其他有限责任公司作用凸显。截至2016年底，高技术制造业中有内资企业23 615家，占全部高技术制造业企业的76.7%，比上年提高2.2个百分点；全年实现主营业务收入8.4万亿元，比上年增长18.4%，对高技术制造业增长的贡献

达到95%。其中，私营和其他有限责任公司19 869家，比上年增长6.9%；全年实现主营业务收入6.3万亿元，比上年增长21.6%。

2. 经营效益增长较快

2016年，我国高技术制造业主营业务收入为153 796.3亿元，实现利润总额突破万亿元，达到10 301.8亿元，比上年增长14.6%，增幅比上年提高3.6个百分点，比制造业平均水平高2个百分点。主营业务收入利润率为6.7%，比上年提高0.3个百分点，比制造业平均水平高0.5个百分点。平均每家企业实现利润总额3 345万元，比上年增长10.3%，比制造业平均水平高1 508.8万元。

分登记注册类型看，内资企业主营业务收入利润率较高。2016年高技术制造业中内资企业主营业务收入利润率为7.7%，高于港澳台资企业（5.3%）和外资企业（5.6%）。

经营效益从主营业务收入、产业利润额、产业出口交货值三个指标统计，本书整理了2009～2016年我国高技术制造业经营效益情况，以及代表性高技术制造业经营效益情况，表3－2是2009～2016年我国高技术制造业主营业务收入情况；表3－3是2009～2016年我国高技术制造业产业利润额情况；表3－4是2009～2016年我国高技术制造业出口交货值情况。

3. 新产品销售水平明显提升

2016年全年新产品销售收入约为4.79万亿元，2015年为4.14万亿元，年度增长15.7%；新产品销售收入占主营业务收入的比重为31.2%，比上年提高1.6个百分点，比制造业平均水平高14.7个百分点。截至2016年底，我国高技术制造业中有新产品销售的企业为12378家，比2015年增长27.1%；占高技术制造业的比重为40.2%，比上年提高7.3个百分点，比制造业平均水平高16.2个百分点。本书整理了2011～2016年我国高技术制造业新产品销售收入情况，以及代表性高技术制造业新产品销售收入情况，见表3－5。

表 3 - 2　2009～2016 年我国高技术制造业主营业务收入情况

单位：万元

指标	2009 年	2010 年	2011 年	2012 年	2013 年	2014 年	2015 年	2016 年
高技术产业主营业务收入	595 666 902	744 828 000	875 272 036.6	1 022 840 364	1 160 489 010	1 273 676 690	1 399 686 469	1 537 963 345
医药制造业高技术产业主营业务收入	90 870 035	114 173 048.2	144 843 798.6	173 376 744	204 842 236.9	233 503 300.4	257 295 341.9	282 061 137
化学药品制造高技术产业主营业务收入	47 803 269	59 141 963.6	71 181 682.6	83 042 916.8	94 338 443.5	105 180 734.9	114 169 550.7	126 410 570.9
中成药制造高技术产业主营业务收入	19 428 860	25 200 275	33 444 131	41 125 313.1	50 225 866.4	57 458 164.6	62 772 407.3	67 483 062.1
生物、生化制品的制造高技术产业主营业务收入	9 193 237	11 286 571.3	15 252 895.5	19 787 936	24 037 417.8	28 013 384.8	31 608 821.2	32 855 330.3
航空航天器制造业高技术产业主营业务收入	13 228 484	15 923 710.8	19 343 078.5	23 299 361.6	28 531 500.7	30 275 630.6	34 125 711	38 016 667.7
电子及通信设备制造业高技术产业主营业务收入	284 654 741	359 844 293.4	432 063 436.7	527 991 019	606 338 853.1	675 842 084.8	783 099 325.3	873 046 805.8
通信设备制造业高技术产业主营业务收入	85 405 265	99 025 481.5	119 264 902.5	137 669 766	170 189 376.5	199 599 439.5	271 083 560.8	305 779 202.5

单位：万元

表3－3　　2009～2016 年我国高技术制造业产业利润额情况

指标	2009 年	2010 年	2011 年	2012 年	2013 年	2014 年	2015 年	2016 年
高技术产业利润额	32 785 340	48 797 000	52 449 357. 8	61 863 403. 8	72 337 478. 8	80 952 077	89 863 290. 5	103 017 966
医药制造业高技术产业利润额	9 939 643	13 310 939. 1	16 060 241. 5	18 659 842. 1	21 327 062. 6	23 824 659. 6	27 173 492. 6	31 149 949. 6
化学药品制造高技术产业利润额	5 087 680	6 675 251. 9	7 270 270. 9	8 380 870. 4	9 360 138. 8	10 642 334. 3	11 973 323. 9	14 418 695. 3
中成药制造高技术产业利润额	2 203 095	3 053 686. 6	4 055 073. 7	4 716 386. 8	5 626 220. 4	6 190 998. 5	6 969 515. 8	7 657 900. 2
生物、生化制品的制造高技术产业利润额	1 353 209	1 785 091. 7	2 244 296. 7	2 734 262. 3	2 961 365. 9	3 333 587. 1	3 903 830. 5	4 197 002. 4
航空航天器制造业高技术产业利润额	897 096	812 743	1 039 839. 9	1 217 509. 6	1 392 728. 4	1 703 461. 4	1 960 584	2 243 901. 7
电子及通信设备制造业高技术产业利润额	13 096 044	22 336 962. 6	21 618 867. 6	26 795 063. 2	33 267 794. 7	37 443 878. 1	43 489 094. 7	48 216 982. 6
通信设备制造业高技术产业利润额	5 508 106	7 323 437. 5	6 273 841. 4	7 028 553. 7	8 971 594. 6	10 462 546. 5	15 726 724. 5	12 415 556. 5

单位：万元

表 3 - 4　2009～2016 年我国高技术制造业出口交货值情况

指标	2009 年	2010 年	2011 年	2012 年	2013 年	2014 年	2015 年	2016 年
高技术产业出口交货值	294 353 000	370 016 000	406 003 317.4	467 010 937.4	492 850 906.4	507 652 008.0	509 231 256.4	524 446 066.4
医药制造业高技术产业出口交货值	7 471 661	9 685 827.8	10 304 814.9	11 649 212.5	11 841 674.6	13 123 152.6	13 419 733.9	14 604 230.8
化学药品制造高技术产业出口交货值	4 945 471	6 290 504.5	6 346 368	6 989 446.3	7 244 460.4	7 516 657.1	7 351 620.7	7 963 838.8
中成药制造高技术产业出口交货值	483 687	403 635.9	543 218.9	546 639.7	482 215.6	755 926	577 834.3	669 314.2
生物、生化制品的制造高技术产业出口交货值	1 002 391	1 495 436	1 815 175.3	1 839 089.2	1 941 409.9	2 345 490.6	2 735 107.4	3 112 433.1
航空航天器制造业高技术产业出口交货值	2 082 024	2 024 979	2 749 480.1	3 586 899.2	3 700 573	4 053 799.3	4 334 897.4	5 411 465.4
电子及通信设备制造业高技术产业出口交货值	155 420 076	195 885 315.2	222 399 040	270 490 030.5	287 383 675.4	314 868 318.4	353 218 511.7	362 964 950.8
通信设备制造业高技术产业出口交货值	44 810 878	48 796 319.4	56 515 261.6	70 550 271.4	81 029 274.8	95 031 895.2	138 098 085.1	144 578 032.9

表 3－5　2011～2016 年我国高技术制造业新产品销售收入情况

单位：万元

指标	2011 年	2012 年	2013 年	2014 年	2015 年	2016 年
高技术产业新产品销售收入情况	224 733 493	255 710 383	312 296 099.9	354 941 746.4	414 134 904.6	479 242 432.5
医药制造业高技术产业新产品销售收入情况	23 170 434.7	29 286 008	36 061 673.8	43 018 345.3	47 362 674.5	54 227 526.5
化学药品制造高技术产业新产品销售收入情况	13 010 276.3	16 618 378	20 282 116.1	23 348 872.2	25 336 072.2	28 629 122.9
中成药制造高技术产业新产品销售收入情况	4 783 835.4	6 591 441	8 296 028.7	10 198 987.1	11 442 585.2	13 037 868.6
生物、生化制品的制造高技术产业新产品销售收入情况	2 737 218.7	2 552 810	3 266 623.4	4 232 808.1	4 925 665.3	5 807 140.5
航空航天器制造业高技术产业新产品销售收入情况	5 270 130.8	6 391 332	7 566 091.8	11 185 051.2	1 380 343.1	15 336 595.9
电子及通信设备制造业高技术产业新产品销售收入情况	115 181 308.6	136 954 427	193 907 207.1	223 221 171.5	267 002 579.6	318 206 467.8
通信设备制造业高技术产业新产品销售收入情况	47 494 562.2	50 443 019	90 731 953.2	101 942 152	134 605 575.2	154 306 436.8

分登记注册类型看，内资企业新产品销售情况明显好于港澳台资企业和外资企业。2016 年内资企业新产品销售收入 2.6 万亿元，比上年增长 28.8%，增幅分别比港澳台资企业和外资企业高 25.9 个和 25.6 个百分点；占全部高技术制造业的比重首次突破 50%，达到 54.7%，比上年提高 5.6 个百分点。

4. 吸纳就业能力稳步提高

2016 年，在我国制造业企业就业规模整体下降的背景下，高技术制造业企业就业规模呈现稳步扩大态势。截至 2016 年底，我国高技术制造业吸纳就业人员 1 357.9 万人，比上年增长 2.2%；占制造业比重为 16.3%，比上年提高 0.7 个百分点。

分登记注册类型看，内资企业吸纳就业人员能力进一步增强。截至 2016 年底，高技术制造业中内资企业吸纳就业人员 752.4 万人，比上年增长 10.8%，占高技术制造业的比重为 55.4%，比上年提高 4.3 个百分点。

5. 固定资产投资保持较高增速

2016 年，我国高技术制造业企业有施工项目 23 715 个，2015 年为 20 028 个，2016 全年增长 18.4%，其中新开工项目 17 498 个，比上年增长 23.9%；新开工项目占比为 73.8%，比上年提高 3.3 个百分点。全年固定资产投资总额为 2.3 万亿元，比上年增长 14.2%，其中新增固定资产投资额 1.3 万亿元，2015 年为 1.4 万亿元，2016 年下降 8.2%。本书整理了 2009～2016 年我国高技术制造业固定投资情况，考察了四个指标：施工项目数、当年新开工项目数、固定资产投资总额、新增固定资产投资额详（见表 3－6）。

分登记注册类型看，港澳台资企业和外资企业呈现快速增长。2016 年，港澳台资企业和外资企业施工项目合计比上年增长 30.7%，投资额合计增长 29.1%，新增固定资产投资额合计增长 12.6%。内资企业施工项目、投资额分别比上年增长 17.2% 和 11.9%，新增固定资产投资额下降 11.1%。

表 3 – 6　　　　　　2009～2016 年我国高技术制造业固定资产投资情况

指标	2009 年	2010 年	2011 年	2012 年	2013 年	2014 年	2015 年	2016 年
施工项目数（大中型工业企业口径）（个）	9 780	10 723	13 204	15 681	17 691	18 403	20 028	23 715
新开工项目数（大中型工业企业口径）（个）	6 220	7 117	8 447	10 223	11 637	12 039	14 122	17 498
固定资产投资额（大中型工业企业口径）（亿元）	4 882.2	6 944.7	9 468.46	12 932.7	15 557.7	17 451.7	19 950.65	22 786.7
新增固定资产（大中型工业企业口径）（亿元）	3 160.5	4 450.4	6 355.15	8 377.1	9 874.3	11 790.7	14 307.54	13 140.3

6. 创新能力进一步增强

2016 年，高技术制造业企业共投入研发经费 2 915.7 亿元，2015 年研发经费 2 626.7 亿元，2016 年比上年增长 11%，比制造业高 1.4 个百分点。研发经费投入强度（研发经费与主营业务收入之比）为 1.9%，比上年提高 0.02 个百分点，比制造业平均水平高 0.89 个百分点。截至 2016 年底，我国高技术制造业中开展研发活动的企业达到 14 830 家，比上年增长 19.9%，占高技术制造业企业比重为 48.2%，比上年提高 6.4 个百分点，比制造业平均水平高 24.2 个百分点。本书整理了 2011～2016 年我国高技术制造业研发经费支出情况，以及代表性高技术制造业研发经费支出情况（见表 3 – 7）。

分登记注册类型看，内资企业研发经费投入总量较快增长，投入强度略有下降。2016 年高技术制造业中内资企业投入研发经费 2 120.9 亿元，比上年增长 13.3%，增速分别比港澳台资企业和外资企业高 1.9 个和 13.5 个百分点。内资企业研发经费投入强度为 2.51%，比上年下降 0.12 个百分点；港澳台资企业为 1.32%，比上年提高 0.1 个百分点；外资企业与上年持平，为 1.01%。

表 3－7　2011～2016 年我国高技术制造业研发经费支出情况

单位：万元

指标	2011 年	2012 年	2013 年	2014 年	2015 年	2016 年
高技术产业研发经费支出	14 409 133	17 338 101	20 343 380	22 742 748.6	26 266 585.2	29 157 461.5
医药制造业高技术产业研发经费支出	2 112 461.8	2 833 055	3 476 533	3 903 161.1	4 414 576.1	4 884 712.2
化学药品制造高技术产业研发经费支出	1 225 047.6	1 540 669	1 854 316	2 047 117.3	2 328 590.4	2 522 861.7
中成药制造高技术产业研发经费支出	387 026.3	558 390	717 619.7	776 841	810 856.6	927 503.3
生物、生化制品的制造高技术产业研发经费支出	293 438	450 978	537 283.7	653 753.7	748 809.9	831 890.8
航空航天器制造业高技术产业研发经费支出	1 495 895.1	1 701 358	1 747 134.7	1 940 454.8	1 805 926.2	1 803 213.8
电子及通信设备制造高技术产业研发经费支出	7 904 869.4	9 540 946	11 703 281.8	13 239 469.8	15 454 605.8	17 670 280.7
通信设备制造业高技术产业研发经费支出	3 654 356.3	4 014 709	5 042 582.1	5 763 245.7	6 820 075.5	7 780 852.2

3.1.2 我国高技术制造业面临的挑战

随着新一轮技术革命和产业变革的兴起，世界各经济体纷纷制定实施创新战略和制造业回归战略，如美国制定的"2015 创新新战略"、欧盟委员会启动的"欧盟地平线 2020"计划等。我国高技术制造业也仍然面临着技术创新瓶颈、出口贸易壁垒、全球价值链低端等问题。

第一，技术创新瓶颈依然制约高技术制造业由大做强。2016 年我国高技术制造业 R&D 投入强度不足 2%，其中开展 R&D 活动企业的投入强度仅为 2.7%；2017 年我国高技术制造业研发经费投入强度首次达到 2.0%，但与美国、日本等制造强国 10% 以上的水平相比还存在很大差距。高技术制造业研发经费投入到基础研究和应用研究领域的比重不足 5%，远低于世界制造强国水平。我国高技术制造业产品规模够大，但多数属于模仿性创新，关键性技术弱，原始性创新和颠覆性创新较少，创新质量整体不强。

第二，高技术制造业产品出口一定程度上受到技术性贸易壁垒和知识产权保护影响。2016 年我国高技术制造业工业总产值增长 8.7%，出口交货值仅增长 3%；新产品销售收入增长 15.7%，出口增长 8.4%。2017 年，高技术制造业实现出口交货值 5.5 万亿元，比上年增长 5.7%，出口增长速度不快。我国高技术制造业还缺乏一些世界知名企业、国际知名商标和品牌，目前还处于跟随状态，如何成为引领值得思考。国际贸易壁垒为高技术产品出口设定了更高的技术标准和门槛，对我国产品出口带来巨大影响。

第三，我国高技术制造业创新的效率和层次不高。2016 年高技术制造业人均劳动效率 117.1 万元/人，低于我国制造业平均水平（128.5 万元/人），高技术制造业中有 60% 以上的企业人均工资低于制造业平均水平。2017 年，高技术制造业人均劳动生产率为 119 万元/人，低于制造业 130 万元/人的平均水平；高技术制造业主营业务收入利润率也仅超过制造业平均水平 0.6 个百分点，高附加值特征不够明显。2017 年，拥有国际水平新产品的高技术制造业企业仅占全部企业的 13.1%，具有国际水平的新产品销售收入不到全部新产品销售收入的 1/4，一定程度上反映出我国高技术制造业整体上仍处在全球价值链和创新链的中低端水平。

因此，当前我国高技术制造业迫切需要通过改善发展环境，优化资源配置，释放创新潜能，提高自主创新能力，从而提升产业竞争力，掌握发展主动权，实现由"中国制造"向"中国创造"的转变。

3. 2

新常态下河北省高技术制造业发展研究

河北省高新技术制造业发展迅猛，产业支撑作用增强。2017 年，全省规模以上工业高新技术产业增加值实现 2 392.5 亿元，比上年增长 11.3%，比 1～11 月提高 1.7 个百分点。高于规模以上工业增加值增速 7.9 个百分点，占规模以上工业增加值的比重为 18.4%，比 1～11 月提高 0.3 个百分点，对规模以上工业增加值的贡献率为 18.3%，拉动全省工业增加值增长 2.1 个百分点。传统的经济管理学意义的常态是指企业间自由竞争的常态，产品或服务有剩余，市场竞争机制促进产品质量与企业管理质量提升。当前我国所面临的经济新常态，是指社会主义市场经济的常态，是在遵循经济、自然、社会发展规律的基础上形成新的经济规则、运行机制和结构模式。习近平总书记系统阐述了中国经济新常态的含义，将其归纳为三个核心变化（王小广，2015）：第一，增长速度，经济增长速度由高速转为中高速；第二，结构调整，通过经济结构优化升级促进经济质量的不断改进；第三，动力转换，经济发展引擎转向由创新驱动发展，增长动力更加多元化。经济新常态背景下，国内经济条件和外部形势发生了一些新变化，经济转型、结构调整和宏观调控面临有利条件和机遇的同时，也遇到了新的制约因素，宏观经济不确定性可能会抑制企业的创新投入（秦天程，2015），高技术企业发展应当符合经济发展的大逻辑，以创新驱动发展为己任，积极主动适应新的竞争态势。

3.2.1 经济新常态下河北省高技术制造业发展机遇

1. 调整经济结构及转变发展方式为高技术制造业带来机遇

新常态下经济增长的速度、质量、动力都会发生变化，如何通过继续深化改革和科学技术创新推进企业转型从而促进产业结构和布局的深度调整显得尤为迫切（李鹏飞，2015）。加快高技术企业发展，以高新技术化解传统行业尤其是制造业前期造成的产能过剩问题，推动传统工业企业的转型升级；高技术企业以创新能力塑造企业核心竞争力，增强对经济增长的贡献率，并推动河北省快速构建现代产业体系。

2. 扩大内需将促使河北高技术制造业的发展潜力得到挖掘

在经济新常态下，促进经济增长日益转变为由消费、投资、出口等多元因素协调拉动，因此，必然要充分重视利用内需消费的力量。河北省战略资源丰富，消费潜力巨大。扩大内需，一方面直接带来旺盛的需求和庞大的市场从而促进企业发展，构筑内生动力促进经济可持续发展；另一方面，需求的多样化成为企业创新动力的源泉，激励高技术企业推动技术进步，把握创新机会，提高产品或服务的附加值，实现跨越式发展。

3. 承接京津产业转移促进河北高技术制造业发展

中国经济进入新常态后，基于区域间比较优势理论，一部分产业正在通过产业转移寻求新的拓展空间和发展路径（段小梅、黄志亮，2015）。党中央提出京津冀协同发展的重大战略，近年来，京津冀形成了以北京为技术研究、天津为产业开发、河北为市场应用的产业生态链条循环雏形，河北省高技术制造业面临重大发展机遇，通过改革与激励机制激发企业活力，充分发挥地缘优势提升管理质量，积极主动承接一些高端制造业，借此促进高技术企业提升管理质量和经济效益，助推高新技术产业倍增发展。

3.2.2　新常态下河北省高技术制造业发展形势分析

3.2.2.1　高技术制造业经济效益整体较好，增速放缓

河北省政府高度重视高技术企业的培育和扶持，出台了人才、技术、金融等一系列政策措施，高技术企业保持了良好的发展态势，生产经营的基本指标总体较好，在总收入、工业总产值、工业增加值、净利润和出口等方面的经济贡献作用显著。2009～2016年以来，河北省高技术企业主营业务收入、利润及出口情况见表3－8。

表3－8　　　2009～2016年河北省高技术制造业主营业务收入、利润及出口情况

年份	主营业务收入（亿元）	增速	利润总额（亿元）	增速	出口交货值（亿元）	增速
2009	401.400		51.900		91.700	
2010	578.700	0.442	57.200	0.102	144.300	0.574
2011	693.996	0.199	50.142	−0.123	144.094	−0.001
2012	808.000	0.164	43.400	−0.134	153.100	0.063
2013	905.191	0.120	62.557	0.441	136.561	−0.108
2014	1 508.7	0.667	138.2	1.209	145.7	0.0670
2015	1 706	0.131	160	0.158	167	0.146
2016	1 836	0.076	163	0.019	191	0.144

从表3－8可以看出，2009～2016年河北省高技术企业在工业经济整体放缓的情况下主营业务收入保持了持续增长的势头，近八年来涨速基本在10%以上；增速最为明显的是2014年的66.7%，以及2010年的44.2%；不过，增长速度不断放慢；2016年达到近年来涨速最低，为7.62%。利润指标也有了显著进步，但是利润出现过阶段性回落，如在2011年、2012年利润指标不升反降，到2013年又强力反弹；2014～2016年稳定增长，2014年利润增速达到近年来的最大值，为120.9%，换而言之，2014年河北省

高技术制造业利润是 2013 年的 2 倍还多。出口方面，2010 年较 2009 年有大幅提升，增速为 57.4%，2010~2012 年保持平稳，出口交货值最大量在 2012 年，为 153.1 亿元，2013 年下降了 10.8%，2014~2016 年间恢复增长态势。数据表明，河北省高技术企业的国际化程度发展较为平稳仍需突破。总体分析，在经济面临下行压力的情况下，高技术企业为稳增长、防风险、扩就业做出了重要贡献。

3.2.2.2 不同细分行业高技术制造业发展不均衡

高技术制造业主要指国民经济行业中研发投入强度相对较高的制造业行业，依据我国年鉴数据的统计来源，主要涉及的细分行业包括：医药制造，航空、航天器及设备制造，电子及通信设备制造，计算机及办公设备制造，医疗仪器设备及仪器仪表制造五大类（浙江省统计局课题组、姚剑平、何春燕，2015）。

2017 年数据结果表明，河北省高技术制造业发展不均衡。分领域看，一是七大领域"六升一降"，新能源领域增长最快。新能源领域增加值实现 224.4 亿元，增长 17.2%，高于全省高新技术产业增加值增速 5.9 个百分点。生物、电子信息、高端装备技术制造、新材料和航空航天分别增长 14.9%、13.9%、9.1%、8.3% 和 2.7%，环保产业下降 0.7%。二是高端技术装备制造领域总量最大，占四成多。高端技术装备制造领域增加值实现 1 063.3 亿元，占高新技术产业增加值的 44.4%。新材料、生物、电子信息和新能源四大领域占高新技术产业增加值的比重分别为 16.3%、14.9%、13.9% 和 9.4%，环保产业和航空航天两大领域仅占 0.9% 和 0.3%。分行业看，在有生产活动的 132 个行业中，有 110 个行业增加值实现了增长，其中 76 个行业增速超过全省平均水平。医疗诊断、监护及治疗设备制造表现突出，增加值增长 122.6%。

河北省高技术制造业在主要细分行业的发展情况见表 3-9。从表 3-9 数据来看，河北省高技术制造业主要集中在医药制造业，其各项指标包括企业数、企业 R&D、企业专利申请、新产品、收入、利润及出口等均远超其他细分行业，医药制造业是河北省高技术企业的主导产业，符合河北省的产业基础条件和比较优势。电子及通信设备制造业中，企业数量较多，已经形成了一定的产业规模，企业对新产品非常重视也取得了不错的发展，收入、利润和出口情况发展水平在河北省渐渐确立了自己的位置。医疗仪器设备及仪器仪表制造业中的河北省企业发展情况同样可圈可点，数据显示，航空、航空、航天器及设备制造业，计算机及办公设备制造业这两个行业中，河北省企业表现处于偏低水平，有待深化加强。

表 3 - 9　　　　河北省高技术制造业在不同细分行业的发展情况统计

行　业	医药制造业	航空、航天器及设备制造业	电子及通信设备制造业	计算机及办公设备制造业	医疗仪器设备及仪器仪表制造业
企业数（个）	229	3	164	9	99
有 R&D 活动的企业数（个）	59	2	37	2	30
R&D 人员折合全时当量（人年）	5 177	899	1 729	122	1 033
专利申请数（件）	286	29	243	49	276
新产品开发项目数（项）	1 021	34	307	38	203
新产品开发经费支出（万元）	122 783	6 749	45 660	2 843	20 040
新产品销售收入（万元）	1 287 315	21 612	535 152	4 491	145 546
主营业务收入（亿元）	856.9	18.3	395.6	11.2	99
利润总额（亿元）	59.3	1.0	33.7	0.8	13.0
出口交货值（亿元）	75.8		64.3	3.4	6.9

表 3 - 10 是不同细分行业河北省高技术制造业发展指标占全国的比重。从比值来看，河北省的医药制造企业表现出了相对优势的力量，各项指标均在 1% 以上，出口交货值比重达到 6.4%，表明河北省医药制造企业的国际化程度比较高。航空、航天器及设备制造业中，河北省企业比较重视 R&D 活动，有 R&D 活动的企业数（1.31%）、R&D 人员折合全时当量（1.88%）占比较高，但创新表现和发展水平一般。电子及通信设备制造业中，河北省企业数目相对较多占比 1.22%，利润总额占比 1.01%。计算机及办公设备制造业在全国占比各项指标都不高。医疗仪器设备及仪器仪

表制造业，河北省企业新产品开发经费支出、新产品销售收入、出口交货值这三项指标偏低，其他指标相对较好。

表 3－10   不同细分行业河北省高技术企业发展指标占全国的比重   单位：%

行　业	医药制造业	航空、航天器及设备制造业	电子及通信设备制造业	计算机及办公设备制造业	医疗仪器设备及仪器仪表制造业
企业数	3.35	0.94	1.22	0.58	2.10
有 R&D 活动的企业数	2.17	1.31	0.86	0.43	1.50
R&D 人员折合全时当量	4.20	1.88	0.48	0.20	1.25
专利申请数	2.85	0.76	0.38	0.43	2.15
新产品开发项目数	3.49	0.89	0.69	0.88	1.35
新产品开发经费支出	3.37	0.36	0.32	0.14	0.86
新产品销售收入	3.57	0.29	0.28	0.01	0.84
主营业务收入	4.18	0.64	0.65	0.05	1.12
利润总额	2.78	0.72	1.01	0.10	1.58
出口交货值	6.40		0.22	0.02	0.51

3.2.2.3　高技术制造业创新驱动发展特征明显

河北省高技术制造业越来越呈现出以创新战略驱动发展的明显特征。本章从创新投入、创新产出、创新来源等三方面分析。

河北省高技术制造业创新投入和产出情况见表 3－11。创新投入方面的数据显示，2012～2016 年，河北省高技术制造业的 R&D 机构数量、R&D 经费均持续增长，R&D 项目数量呈现波动状态，2014 年为近年最高，达到 2 048 项，说明河北省在重视以研发项目驱动创新的同时，越来越注重项目的质量，优中选优，提升创新效益。

2012 年，河北省高技术制造业设立研发机构数量为 110 个，之后稳步增长，2016 年河北省已拥有 182 家高技术研发机构，比 2012 年增长 65.5%。河北省越来越重视高科技经费投入推动企业发展，2012 年高技术制造业研发经费约为 12.5 亿元，2016 年已增加到 32.2 亿元，涨幅约为 160%。

企业创新产出方面，从新产品销售收入来看，近五年来，河北省高技术企业发展势头迅猛，2012 年新产品销售收入过百亿元大关，2013 年达到182.88 亿元，2016 年新产品销售收入 388.9 亿元。河北省高技术制造业专利申请量和有效发明的专利数量保持了稳定的发展，2012 年分别为 392 件和 679 件，2013 年两项指标分别达到 534 件和 784 件，较上年分别增长36.2% 和15.5%，2016 年甚至达到了 1 553 件和 2 603 件，增长迅速，表明河北省高技术制造业创新日益活跃，而且创新的效率也在提升。专利产出水平的快速发展得益于创新驱动发展战略及国家科技体制改革相关政策的刺激，高技术企业更加重视知识产权，专利申请获得能力和知识产权运用能力大大提升，促进了河北省高技术企业专利申请数量和质量的双增长。

表 3-11　　　　2012～2016 年河北省高技术制造业创新投入及产出情况

年份	创新投入			创新产出		
	R&D 机构数（个）	R&D 项目数（项）	R&D 经费（万元）	新产品销售收入（万元）	专利申请数（件）	有效发明专利数（件）
2012	110	1 422	124 523	1 419 564	392	679
2013	122	1 634	174 483	1 828 836	534	784
2014	148	2 048	250 772	2 710 641.5	1 228	1 257
2015	167	1 430	309 460	3 410 594	1 172	1 899
2016	182	1 576	322 152.7	3 889 455.1	1 553	2 603

表 3-12 反映了河北省高技术制造业创新来源的情况。技术创新通常认为存在两种来源：自主创新和技术引进。自主创新通常采用如下指标：R&D 人员折合全时当量、新产品开发经费支出、研发经费内部支出（支燕、白雪洁，2012；王斌、谭清美，2015）。主要反映了高技术产业创新资源如人力、资本等要素投入的规模和强度。技术引进包括：引进技术经费支出、消化吸收经费支出、购买国内技术经费支出（支燕、白雪洁，2012；范允奇、李晓钟，2014）。主要反映了企业外部技术包括国内和国外两种渠道的获取情况，体现了企业外部优质资源的引进、消化、吸收和整合情况。

表 3-12   2009~2016 年河北省高技术制造业创新来源

年份	R&D 经费内部支出（万元）	新产品开发经费支出（万元）	R&D 人员折合全时当量（人年）	引进技术经费支出（万元）	消化吸收经费支出（万元）	购买国内技术经费支出（万元）
2009	66 843	62 112	5 561	1 335	1 493	1 891
2010	90 836	84 196	6 632	2 122	1 265	1 812
2011	103 594	103 164	5 689	886	1 651	4 006
2012	129 320	136 997	6 488	779	4 849	6 147
2013	178 067	158 885	7 146	949	5 729	7 051
2014	297 671.3	293 818.6	10 956	3 807	6 596	10 915
2015	387 330	343 124	13 694	4 202	4 742	9 468
2016	409 415.7	390 057.7	14 151	3 729	4 341	7 556

从表 3-12 可以获知以下信息：第一，河北省高技术企业非常重视多元化的创新路径。近八年来的数据显示，无论是自主创新还是技术引进都被视为创新绩效重要的来源渠道，也都获得了快速的推广和应用。第二，河北省高技术制造业采用自主创新的方式多于技术引进。2016 年河北省高技术制造业 R&D 经费内部支出达到 409 415.7 万元、新产品开发经费支出 390 057.7 万元、R&D 人员折合全时当量 14 151 人/年。引进技术经费支出 3 729 万元、消化吸收经费支出 4 341 万元、购买国内技术经费支出 7 556 万元。自主创新的经费高于技术引进，而且自主创新的增长速度也高于技术引进。表明河北省高技术企业非常重视自主创新，并且自主创新逐渐取代技术引进成为创新驱动发展的主要模式，而技术引进将居于辅助或者次席位置。第三，在技术引进中，河北省高技术企业引进技术经费支出呈减少趋势，笔者分析这可能与技术引进难度大、成本高有关；也表明我国在调整创新经费的使用结构，更加鼓励和激发自主创新。购买国内技术经费持续增加，说明我国整体高技术产业技术创新水平提高，国内技术能够很好地满足企业发展的需求，降低了企业对国外技术的依存程度。消化吸收经费连年增加，表明我国长期以来重引进、轻吸收的局面正得到改观。

3.3

我国高技术服务业发展概况

3.3.1　我国高技术服务业发展特点

21 世纪是创新全球化的时代，全球产业结构由"工业经济"主导向"服务经济"主导转变，科技创新成为推动经济发展的主要动力。与美欧日等发达经济体经济增长中服务业占 GDP 的比重多年来均保持在 70% 左右相比，我国还存在较大差距。要提升服务业在我国 GDP 中的比重，就要重点发展服务业中最具前景的产业之一——高技术服务业。发达国家的高技术服务业起步于 19 世纪，至今已有 200 余年历史，作为知识技术密集、增值高、消耗少的新型高端服务业态，高技术服务业已成为美国等发达国家的主导产业和新的经济增长点。总的来说我国高技术服务业呈现以下特点。

1. 增速较快，投资发展势头良好

我国高技术服务业发展势头良好，投资快速增长，对国民经济的作用进一步凸显。2018 年 1 ~ 4 月份，我国高技术服务业营业收入同比增长 16.0%，增速快于全部规模以上服务业 2.2 个百分点。2018 年 1 ~ 5 月份，高技术服务业投资增长 12.2%，增速比全部服务业投资高 4.5 个百分点。其中，环境监测及治理服务业投资增长 35.6%，电子商务服务业投资增长 31.5%，科技成果转化服务业投资增长 22.1%。2007 ~ 2011 年我国高技术服务业年平均增速达到 18.6%，对国民经济的贡献越来越突出。我国的科学研究、技术服务和地质勘查业在 2007 年实现增加值 3 441.3 亿元，2008 年实现增加值 3 993.4 亿元，2009 年实现增加值 4 721.7 亿元，2010 年实现增加值 5 635.9 亿元，2011 年实现增加值 6 965.8 亿元。其中 2011 年增加值占 GDP 比重约为 1.4%；2013 年行业固定投资额为 3 149 亿元，同比增长 27.2% ；2012 年行业法人数和就业人数分别为 324 932 个和 330.7 万人，同比增长 14.5% 和 10.8% 。本书整理了 2010~2016 年主要高技术服务业新增固定资产情况（见表 3-13）。

表 3-13　　　　　2010~2016 年我国高技术服务业新增固定资产情况　　　单位：亿元

指标	2010 年	2011 年	2012 年	2013 年	2014 年	2015 年	2016 年
信息传输、计算机服务和软件业新增固定资产	1 514.69	1 337.15	1 838.02	2 030.55	3 044.86	3 981.16	3 789.14
电信和其他信息传输服务业新增固定资产	1 310.7	1 061.98	1 192.3	1 235.4	1 591.73	1 865.83	1 549.58
科学研究、技术服务和地质勘查业新增固定资产	749.94	1 060.41	1 566.34	2 197.99	3 072.64	3 770.15	3 636.88
研究与试验发展新增固定资产	245.2	369.62	451.4	614.52	918.89	1 022.33	749.37
专业技术服务业新增固定资产	237.5	348	688.84	819.46	1 184.21	1 422.15	1 336.48
科技交流和推广服务业新增固定资产	156.8	235.68	426.1	764.01	969.53	1 325.66	1 551.03

2. 区域差异较大，高技术服务业发展与科技资源丰富程度正相关

高技术服务业是现代服务业与高新技术产业相互融合发展的产物，也是加快培育战略性新兴产业，实现"中国制造"向"中国创造"转变的需要。我国高技术服务业各省市发展差异较大，与科技资源丰富程度密切相关，发展特色各有千秋。我国高技术服务业发展较好的地区主要分布在环渤海、长三角、珠三角等经济发达和科技资源丰富地区。从高技术服务业市场规模和完善度来看，北京、上海、广东比较成熟，处于第一集团；浙江、天津、浙江等省市高技术服务业有一定基础，在当地政府的大力支持下发展迅猛；新疆、西藏等西部地区基础较差，发展仍比较落后。

2015 年，北京技术交易合同额预计超过 3 400 亿元，其中 80% 输出到国内其他省市和国外，实现了全国地级以上城市的全覆盖，发挥了对全国

创新发展的辐射带动作用。以行业法人数为例，2012 年北京市拥有高技术服务业行业法人 38 136 个，占全国高技术服务业行业法人总数的 11.7%，而新疆高技术服务业行业法人数仅为 3 582，占全国比重仅为 1.1%。2015 年，北京市高技术服务业实现增加值 4 193.3 亿元，占全市第三产业增加值的 22.9%，占比稳居第一位。

广东省的高技术服务业发展则体现在产业集聚效应凸显上。2013 年，国家发展改革委和质检总局批复广州市建设全国首个"国家检验检测高技术服务业集聚区"，力争到 2020 年集聚国家级质检中心 20 个以上。信息技术服务、研发设计与成果推广服务、数字内容服务等以广州、深圳、珠海为核心形成了较强的集聚效应。广东省将科技服务外包列为重点发展领域，支持广州、深圳市大力推进"中国服务外包示范城市"建设，推动珠海、佛山、东莞等地服务外包联动发展，形成各具特色和相互支撑的服务外包产业集群。

上海市围绕信息服务、检验检测服务、研发设计服务、电子商务服务、科技成果转化服务等重点领域，大力发展高技术服务业。上海市在获批国家高技术服务产业基地以来，2011 年就认定了一批高技术服务产业园区和重点培育园区。2013～2015 年，高技术服务业总产出以 10% 的增长率逐年递增，从业人员规模稳步壮大。上海市着力促进科技成果转移转化服务，打造全链条转化，实现成果产业化的层层递进。

本书整理了 2010～2016 年北京市、上海市、广东省信息传输、计算机服务和软件业法人单位数量（见表 3－14）。

表 3－14　　　　2010～2016 年北京、上海和广东信息传输、计算机服务
和软件业法人单位数量比较　　　　　单位：家

指标	2010 年	2011 年	2012 年	2013 年	2014 年	2015 年	2016 年
北京市	20 878	21 135	22 151	47 608	46 848	47 988	36 026
上海市	14 411	14 940	16 219	15 013	15 560	15 963	16 475
广东省	18 622	21 644	25 038	27 126	32 964	38 168	44 114

3. 高技术服务业与传统行业日益融合

《中国制造 2025》强调："要加快制造与服务的协同发展，推动商业模式创新和业态创新，促进生产型制造向服务型制造转变。大力发展与制造业紧密相关的生产性服务业。"我国高技术服务业已逐渐融入传统行业的各个环节，推动产业转型升级。我国经济发展已经进入由量的增长到质的提升阶段，农业现代化、制造业转型升级，迫切需要生产性服务业的有效支撑。目前，生产性服务业专业性强、创新活跃、产业融合度高、引领带动性大的作用正在得到加强，研发设计、检验检测、节能环保、人力资源服务、商务咨询等生产性服务业重点领域加快发展，并与产业紧密融合，有效推动了产业向价值链高端提升。信息化的电子产品、环保产品、航空航天产品、机器人等新产品保持较快增长速度，随着物联网、云计算、大数据、移动互联网、人工智能等新一代信息技术的升级发展，互联网加速向各行业渗透，百姓衣食住行各领域线上线下结合的创新服务不断涌现。

信息服务与制造业的融合不断推动制造业智能化、柔性化和服务化；信息技术向生产、消费领域的广度和深度渗透，促使生产、消费、服务和流通进一步一体化，制造业服务化的趋势更加明显。小米公司通过建立基于互联网的生态圈，将客户互相链接，形成大规模的社群，通过服务反馈，形成智能硬件的生态链。联想集团成立了一家全新互联网模式的智能终端和服务公司，拥有 400 多人的专业开发团队，逐渐形成由民间版主团、智能设备爱好者及自媒体人共同致力打造的社区平台，为小微创业公司提供创意产品服务。

一些传统制造业企业，如飞利浦公司、IBM 公司等纷纷通过业务转型和服务模式创新提升竞争力，其中重要的方式是提供研发设计服务。研发设计服务为传统行业提供产品形象、结构工程、功能体验、智能互联、信息交互等综合集成服务，在打造自主品牌、提高整体效益和国际竞争力方面的贡献日益明显。通过研发设计服务，使得传统制造业的价值曲线由附加值较低的生产制造环节向高附加值环节攀升，培育新的价值增长点。

高技术专业服务业与传统产业交叉融合，在互动中促进高质量发展。高技术服务业企业通过整合跨行业资源，正在向社会提供更加专业化的第三方服务，形成针对健康、教育、能源、环保等垂直领域的专业科技咨询公司和技术服务公司，比如蓝色光标本是一家纯粹的公关公司，却努力向数据科技公司转型，为面向消费行业的咨询服务商；中科宇图从信息技术服务向节能环保行业解决方案提供商发展，成立国内首家数字环保实验室，将 3S 技术与环保业务相结合，成为环保行业内一家成长性高的优秀企业。华大基因专精健康行业研发服务，以领先的基因科技造福人类为宗旨，供前沿生物科技在医疗、农业、环境等领域的应用服务。

电子商务推动以消费者为中心的商业模式创新。如服装行业的青岛红领公司，其生产服务体现在个性化、定制化和智能化。青岛红领自主研发了电子商务定制平台——C2M（customer to manufactory）平台，由"消费者需求"驱动形成有效供给，消费者在线定制，需求通过 C2M 平台生产订单，订单数据进入红领自主研发的版型数据库、工艺数据库、款式数据库、原料数据库进行自动处理，多个生产单元共享数据、协同生产。

3.3.2　我国高技术服务业面临的挑战

当前，国民经济各行业对高技术服务的需求日益增长，科技创新对经济社会发展的支撑作用日益体现在服务上，基于高技术和支撑科技创新的新兴服务业态不断涌现，高技术服务业呈现出良好发展势头。但我国高技术服务业尚处于发展初期，仍然面临严峻的挑战。

第一，我国高技术服务业规模较小，对 GDP 贡献率较低。2016 年我国第三产业对 GDP 的贡献率为 57.5%，欧美主要国家高技术服务业占 GDP 超过 70%。我国高技术服务业总体技术含量不高，劳动生产率较低，科技对服务业的贡献率还有待进一步提高。与发达国家或地区相比，高技术服务业大多存在大企业不够大、不够强，小企业不够专、不够精的情况。作为新产业、新业态，高技术服务业应对市场风险能力较弱；高技术服务业大多以脑力劳动为主，资产多表现为无形资产，面临市场融资困难问题。我国处于调结构转变经济发展方式的发展阶段，把发展高技术服务业放在突出位置，加强组织领导，创新工作思路，完善体制机制，推进高技术服务业快速健康发展。

第二，我国高技术服务业开放式创新不高，创新能力和市场化能力有待进一步提升。高技术服务业的发展离不开科技创新的开放式创新模式，随着产业政策体系的不断完善，高技术服务业产学研合作式创新得到高度认可并取得了显著成效，我国高技术服务业的快速增长也吸引了外商的投资热情。但是，我国很多高技术服务企业还未真正走向市场，盈利能力、管理水平相对落后，存在技术、人才、资金、信息等方面的瓶颈，国际竞争力较弱。因此，加强高技术服务行业的产业开放度，通过对外部创新源的引进和合理利用，来创造良好的外部环境。建议建立与政府、高校科研机构、竞争企业等的合作机制，深化对外合作，推进高技术服务业国际化。支持承接境外高端服务业转移，推进现代服务业合作区建设；完善外商投资管理制度，引导外商投资高技术服务业。支持高技术服务企业"走出去"，鼓励在境外设立研发机构。

第三，我国高技术服务业区域发展不平衡，难以适应经济结构战略性调整的需要。就城乡差距来看，我国高技术服务业企业基本都聚集在城市，服务客户以城市居民和企业为主，农村地区普遍存在非常严重的高技术服务业缺位问题，严重制约农业现代化进程的顺利推进。在区域布局方面，高技术服务业来源于科技资源的释放，因各区域的资源禀赋不同，京津冀、长三角、珠三角等区域发展领先，其中北京、广东等地高技术服务业已经成为主导产业，但在我国中西部发展仍比较落后。如何突出各个地区的优势，强化技术市场，整合区域内外的高技术服务资源，发挥领先区域的辐射带动作用，提升整体发展水平，这都是高技术服务业面临的挑战。

3.4

河北省高技术服务业发展概况

近年以来，河北省各级政府部门积极落实各项加快服务业发展的政策措施，大力推进供给侧结构性改革，高技术服务业快速发展，对整体经济稳中向好、转型升级起到了有力支撑。2017 年 1～10 月份，河北省高技术服务业实现营业收入 1 002.3 亿元，增长 9.3%。随着节能减排、环境治理力度不断加大，推动与之相关的服务业快速发展。环境保护监测营业收入增长 63.7%，水污染治理营业收入增长 20.2%。其他快速发展的高技术服务业有：新材料推广服务增长 65.8%，生物技术推广服务增长 38.6%，节能技术推广服务增长 35.5%，数据处理和存储服务业增长 28.2%，集成电路设计增长 24.0%。

本书主要查阅收集了两类高技术服务业：信息传输、计算机服务及软件业和科学研究、技术服务、专业技术服务业进行比较，以了解河北省高技术服务业发展的基本情况。本书从法人单位数（家）、城镇单位就业人员（万人）、全社会固定资产投资（亿元）、城镇单位就业人员平均工资（元）等四方面进行比较分析，详见表 3 - 15～表 3 - 18，以及图 3 - 1～图 3 - 4。

表 3 - 15　　2010～2016 年河北省两类高技术服务业法人单位数量比较　　单位：家

行　业	2010 年	2011 年	2012 年	2013 年	2014 年	2015 年	2016 年
信息传输、计算机服务和软件业	4 875	4 699	5 106	4 211	5 233	8 114	13 944
科学研究、技术服务、专业技术服务业	5 432	5 877	6 478	13 650	15 365	19 522	26 097

表3-16　　　2010~2016年河北省两类高技术服务业城镇单位就业人员比较　　单位：万人

行　业	2010年	2011年	2012年	2013年	2014年	2015年	2016年
信息传输、计算机服务和软件业	6.3	5.86	6.5	8.63	8.56	8.85	8.42
科学研究、技术服务、专业技术服务业	8.9	10	12.53	13.97	14.48	14.81	16.35

表3-17　　　2010~2016年河北省两类高技术服务业全社会固定资产投资比较　　单位：亿元

行　业	2010年	2011年	2012年	2013年	2014年	2015年	2016年
信息传输、计算机服务和软件业	41.2	78.64	88.8	115.63	133.47	147.17	239.1
科学研究、技术服务、专业技术服务业	60.9	73.49	110.44	150.65	207.62	185.65	351.8

表3-18　　　　　　　2010~2016年河北省两类高技术服务业城镇

单位就业人员平均工资比较　　　　单位：元

行　业	2010年	2011年	2012年	2013年	2014年	2015年	2016年
信息传输、计算机服务和软件业	38 840	46 842	50 628	69 718	83 469	93 983	109 196
科学研究、技术服务、专业技术服务业	49 179	59 318	58 892	61 114	63 937	69 744	74 020

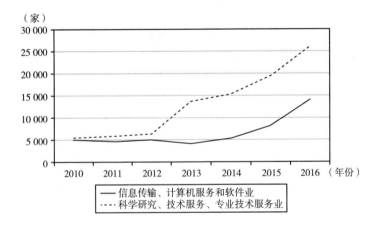

图3-1　法人单位数量比较

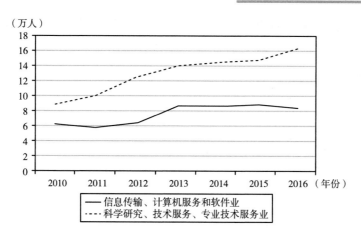

图 3 - 2　城镇单位就业人员比较

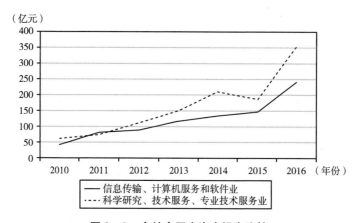

图 3 - 3　全社会固定资产投资比较

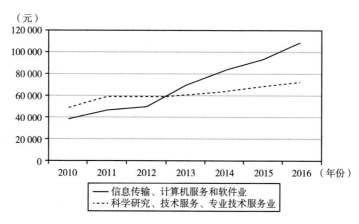

图 3 - 4　城镇单位就业人员平均工资比较

从以上数据可以看出，河北省高技术服务业近几年来增长比较稳健，两类相比，科学研究、技术服务、专业技术服务业总体规模上更大一些，但薪资待遇不如信息传输、计算机服务和软件业。

3.5

河北省高技术企业财政政策分析

3.5.1 财政投入

河北省一直引导并加大财政补贴力度扶持高新技术产业的发展，财政对科技投入总体呈增加态势。河北省高新技术产业财政科技投入情况具体见表 3-19，数据来源于河北科技年鉴。从表中可以看出，只有 2010 年财政科技投入（273 893.4 万元）低于 2009 年数值（292 997.5 万元），但是增长速度不稳定，2006 年与 2005 年相比，增长了 38.6%，之后增长速度依次为：12.2%、8.19%、15.4%、-6.5%、18.4%、18.7%、1.3%。数据表明：河北财政科技投入水平的增速存在较大波动，并没有形成稳定的增长机制。另外，财政科技投入占一般财政支出的比例总体呈下降趋势，只有 2006 年、2012 年有较小的增长幅度。

表 3-19　　　　　河北省高新技术产业财政科技投入情况

年份	财政科技投入（万元）	占财政支出的比例（%）	研发经费内部支出（万元）	基础研究（万元）	应用研究（万元）	实验发展（万元）
2005	150 771	1.53979942	573 690	23 025	149 354	401 311
2006	208 907	1.769858348	722 887	30 789	169 654	522 444
2007	234 585	1.556997312	861 456	36 714	206 583	618 159
2008	253 802	1.348812491	1 065 969	45 568	208 725	811 676
2009	292 997.5	1.248077816	1 348 445.5	39 790.6	285 500.6	1 023 154.3
2010	273 893.4	0.971170539	1 554 486.8	52 824.2	230 884.4	1 270 778.2

续表

年份	财政科技投入（万元）	占财政支出的比例（％）	研发经费内部支出（万元）	基础研究（万元）	应用研究（万元）	实验发展（万元）
2011	324 406. 3	0. 917078128	2 013 370. 5	63 349. 7	257 791. 5	1 692 229. 3
2012	384 941. 4	0. 943613339	2 457 668. 7	65 069. 7	323 253. 4	2 069 345. 6
2013	389 829. 8	0. 884051996	2 825 278	80 754. 9	313 965. 5	2 430 557. 6

从资金分配方面来看，通常认为，基础研究、应用研究和试验发展经费投入规模的一般比例为 15％、25％和 60％比较合理，而河北省基础研究的比例太少，仅为 2％ ~ 5％；实用研究在 2005 年占比 26％，之后却呈下降形势，2013 年占比仅为 11％；实验发展占 70％以上，2013 更是占到了 86％。图 3 - 5 是按活动类型分类的 R&D 经费比例，其中（a）为 2005 年数据，（b）为 2013 年数据。

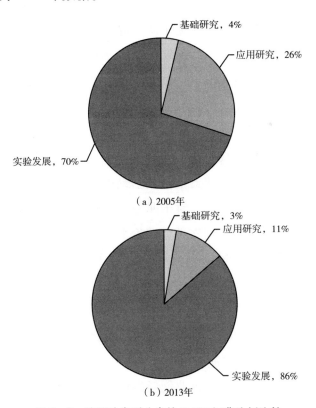

（a）2005年

（b）2013年

图 3 - 5　按活动类型分类的 R&D 经费比例比较

在财政补贴方面，《河北关于深化科技体制改革加快推进创新发展的实施意见》明确提出，对经认定的省级以上众创空间，省财政连续3年给予房租补贴和宽带资费补贴，市县财政对其在孵企业自纳税年度起3年内比照高新技术企业税收优惠标准给予一定补助。河北省科技厅组织专家展开众创空间认定，首批20家成为首批省级众创空间，每家可获得50万元财政资金补贴。科技企业孵化器可灵活租售，利于盘活孵化器空闲空间资源、吸引社会资本投资孵化器建设，也有利于在孵企业享受到更全面的孵化服务。财政补贴扶持产学研协同创新联盟。

3.5.2　政府采购

2013年8月，河北省财政厅先后发布了《关于发挥政府采购政策功能促进中小微企业发展的通知》《关于调整河北省政府采购集中采购目录和限额标准的通知》，强化采购单位面向中小微企业的采购需求管理，各级国家机关、事业单位和团体组织（以下称采购单位）在保证满足机构运转和履行职能的前提下，优先确定面向中小微企业采购的需求份额，单独编制中小微企业产品政府采购预算，确保对中小微企业的采购金额占年度部门政府采购预算总额的30%以上，其中预留给小型和微型企业的比例不低于60%。保障中小微企业从事政府采购活动的平等地位。落实政府采购促进中小微企业发展的优惠政策，对于非专门面向中小企业采购的项目，采购单位应在招标文件或者谈判文件、询价文件中作出规定，对小型、微型企业产品给予6%～10%的价格扣除，用扣除后的价格参与评审。建立面向中小微企业政府采购绿色通道。为充分发挥政府采购政策功能，2013年11月，河北省财政厅发布的《关于调整河北省政府采购集中采购目录和限额标准的通知》中补充明确了环保、节能及新能源产品进入目录。

《河北关于深化科技体制改革加快推进创新发展的实施意见》规定，落实和完善政府采购促进中小企业创新发展的相关措施，有针对性地制定采购标准，降低采购门槛，扩大对中小企业创新产品和服务的采购比例。

制定创新产品认定办法，鼓励采取竞争性谈判、竞争性磋商、单一来源采购等非招标方式，通过首购、订购、远期约定购买以及政府购买服务等方式，促进创新产品的研发和规模化应用。

政府采购是政府财政公共政策的一部分，具有培育科技产品市场和引导市场需求方面的巨大推动作用，同时可以引导社会其他采购主体的市场行为。美国对高技术企业的政府采购规模较大、政府采购法律系统完备、政府对政府采购设置技术壁垒，一系列的政策措施用来保证美国政府采购对本国高技术产业的发展起到足够的支持，扶植本国企业，这些政策值得我们去思考和借鉴。

3.5.3　融资担保

为深化科技体制改革，加快推进创新发展，河北省积极拓展各种融资渠道，服务高新技术企业。河北省首设科技创新创业券，激发中小企业创新，满足创业者创业需求。设立科技型中小企业贷款风险补偿资金和保证保险补偿资金，降低合作金融机构风险，减轻金融机构对创新创业预期收益不稳定的后顾之忧。建立"价值评估＋处置平台"的专利质押物处置机制，将在一定程度上抵减银行专利质押融资风险，有利于专利质押融资业务的可持续发展。设立1亿元的省天使投资引导基金，与天使投资人、创业孵化机构等社会资本及市县财政资金共同组建天使投资基金，重点支持种子期、初创期科技型中小企业和创客项目。设立创业导师专项资金，实施"创新创业导师河北行动计划"，这是由科技部指导支持、具有河北特色的创业导师行动计划，主要内容是吸引京津优秀创业导师深入河北省各设区市，为众创空间、创业群体提供策划、咨询、辅导等专业服务。探索省级财政科技计划（专项、基金等）对个人创业、个体创新活动的支持模式，加强对个人创业、个体创新活动的支持，促进大众创新创业。

总体来看，河北省高技术企业的发展受益于财政政策的支持，但是，财政支持的形式还比较单一，在扶持技术创新方面力度还不够。广东省财政政策方面对高技术企业研发创新的支持值得借鉴和学习。广东省综合运用加计扣除、降低税率、所得税减免、进口免税等政策工具，促进高技术企业技术引进与自主创新。在激励企业进行创新研发方面，对企业在进行产品、技术等创新活动时所产生的研发费用，可以在实际发生额的基础上加成 50% 予以扣除或者摊销。为鼓励新办高技术企业，国家开发区内的可以享受免征两年企业所得税和期满后 15% 的企业所得税税率优惠。为提高从业人员的素质，企业把针对职工的教育经费在企业所得税前扣除，但是不应超过计税工资总额的 2.5%。为促进生产设备更新改造，企业用于研究开发的仪器设备可在税前扣除或加速折旧，对技术改造项目进口设备免税和重大技术装备实施进口免税等政策。

第4章

我国高技术制造业
发展能力评价

本章基于创新驱动的视角，构建我国高技术制造业发展能力评价指标体系，基于2009~2013年数据资料，从产业发展活力、产业发展支撑力、产业规划合理性、产业政策引导力四方面，运用因子分析方法对全国各省市区高技术制造业的发展能力进行实证研究，并对结果进行讨论分析。本章还重点对京津冀三省市高技术制造业发展能力进行了分析评价。

4.1

创新驱动战略与高技术制造业发展

自熊彼特的创新理论开始，学者们一直关注创新如何促使产业发展和结构转变，认为创新是企业间竞争的核心，技术创新驱动产业的动态演化，进而对经济系统的结构产生强烈影响。创新驱动战略有助于高技术制造业形成长期竞争优势。我国高技术制造业近几年发展态势良好，但仍然存在值得关注的问题，表现在高技术制造业生产效率尚不占优、研发投入力度尚显不足、企业持续经营发展乏力以及受国际市场冲击风险加大等方面（张鹏，2015）。创新是形成并提升高技术制造业核心竞争的关键动力；由知识因素产生的创新可以直接转化为成本领先优势，节约资源消耗，提高生产效率，这种创新还可以形成差异化，竞争对手难以模仿，提高客户满意度和用户黏度。

创新引发产业波及效应，促进产业集群、创新生态系统的形成。创新驱动战略是全局性的，实质是建立一个创新生态系统。任何一个产业或企业都位于这一系统之内，即产业链的某一环节，假设由于技术创新提高了生产率，为了实现创新效益，它可能会诱导与其关联的上下游环节开展技术创新，各创新主体以模块化的生产功能参与到产业链的分工中，不同模块之间的功能联系由线性连结变为非线性的网络状连结，由于创新带来的知识溢出效应和辐射效应，促进了产业集群规模化和创新生态系统的形成。

创业创新型经济已成为先发国家全球领先战略的一部分，后发国家若要实现赶超，必须在经济发展的关键时期以蛙跳式发展，抓住第三次产业革命、第四次产业革命的机遇，抢占新科技革命和新产业革命的制高点，要实现这一跨越，就必须发挥先发优势，以创新驱动发展，依靠技术创新，在以高技术制造业为代表的关键产业优先实现赶超。

近年来我国深入实施创新驱动发展战略，积极推动创新创业有效激发全社会创新活力和创业热情，新动能蓬勃兴起，动能转换成效初显，高技术制造业发展迅猛、引领和支撑能力显著作用。2017 年，我国高技术制造业增加值同比增长 13.4%，增速高于规模以上工业 6.8 个百分点，引领趋势愈发突出，带动作用更为强劲。

4. 2

创新驱动战略下高技术制造业发展能力评价指标体系

4.2.1 评价模型的构建原则

评价指标体系是由反映一个复杂系统的多个指标构成的相互联系、相互依存的统计指标群。而高新技术产业发展评价更是一项科学性、客观性、前瞻性要求都很高的工作，评价时既要立足本产业及本地区特点，又要着眼于未来发展，只有这样才能使高新技术制造业发展的综合评价结果更逼近实际情况，更具有现实的指导意义。具体说来，建立评价指标体系时，主要遵循以下五项原则。

1. 系统性、全面性原则

系统性原则要求对高新技术制造业发展能力进行综合评价时，必须层次分明、结构合理的建立指标体系，使得局部与整体统一协调，形成一个完整的评价系统。全面性原则主要是各方面能力的指标均要有所涉及并且数量上分配合理，要求所选取的指标能够全面反映评价对象，不能片面或有遗漏。

2. 科学性与现实性相结合原则

这一原则要求指标体系设计要有科学的内涵、立足客观现实，符合经济、统计理论，具有合理的社会经济意义。在对指标数据进行处理时，应做到数据来源真实准确、计算方法科学合理、操作过程简单易行等，保证评价结果真实、可靠。指标的选取和指标体系的设计尽可能地从科学的角度出发，尽可能地选取能够客观、真实地影响和决定高新技术产业转移承接能力的因素和指标。

3. 简明性原则

简明性原则要求在进行指标体系构建时，应该选择那些具有代表性的综合指标和重点指标。选取的指标不宜过细，过细的指标在指标值获取时较为困难，甚至不能获取，在实践中也不利于进行操作和对比，甚至会误导评价者将注意力集中到细小问题而失去对整体的把握。

4. 可操作性与可行性原则

可操作性原则是指指标数据获取的渠道顺畅，指标及指标体系具有普遍适用性，容易被理解和掌握。数据资料可以通过开展市场调研或查阅相关统计年鉴以及各种统计报告资料较为容易地获取。建立指标体系的目的是为了进行评价对比。如果建立了指标体系，但指标值无法获取，就失去了建立指标体系的意义。

5. 可比较原则

该原则要求我们在建立指标体系时，需要考虑评价对象在这个指标进行比较时是否具有意义。例如，由于各个地区的实际差异，有一些绝对指标在进行对比时是毫无意义的，这就要求我们把不能进行对比的绝对数据转化成能够进行对比的相对数据。

4.2.2　评价指标体系

本研究的目的在于对接创新驱动战略管理理论与高技术制造业发展的现实问题，全面客观地诊断和评估我国高技术制造业的发展水平，探索产业进一步优化升级的战略路径。因此，在评价指标体系构建中，指标选取突出创新对产业发展的本质驱动作用，考虑企业、产业、市场环境等多方面因素，评价模型体现系统性和层次性相结合，数据资料具有真实性、通用性和可比性的特征。根据创新驱动战略的理论内涵以及高技术制造业特征，参照相关文献及评价方法，本研究首先确定四类指标，分别为：高技术制造业生产经营、固定资产投资、高新技术企业 R&D 活动、企业类型。在四类指标下又选取了具体的考察指标。

1. 生产经营

生产经营主要描述产业的基本概况、企业的主营业务、产品的市场表现和企业财务绩效。本书选取了六个评价指标：企业数、从业人员平均人数、主营业务收入、利润总额、利税、出口交货值。这里生产经营情况的数据口径为规模以上工业企业，科技活动及相关情况的数据口径为大中型工业企业；2011 年及之后年份固定资产投资情况的数据口径为投资额在 500 万元及以上的项目，2011 年之前的数据口径为 50 万元及以上的项目。2009 年、2010 年为年主营业务收入 500 万元及以上的法人工业企业，2011 年及以后年份为年主营业务收入 2 000 万元及以上的法人工业企业。主营业务收入指会计"利润表"中对应指标的本年累计数。未执行 2001 年《企业会计制度》的企业，用"产品销售收入"的本期累计数代替。利润总额指企业生产经营活动的最终成果，是企业在一定时期内实现的盈亏相抵后的利润总额（亏损以"－"号表示），它等于营业利润加上补贴收入加上投资收益加上营业外净收入再加上以前年度损益调整。

2. 固定资产投资

创新的固定资产投资体现了创新基础建设、创新载体能力、创新资源的配置和产业发展的创新支撑环境。本书选取五个具体指标：建成投产项目、项目建成投产率、投资额、新增固定资产、固定资产交付使用率。依照《中国科技统计年鉴》和《中国高技术产业统计年鉴》中的解释，主要指标释义如下。

建成投产项目，针对工业项目是指设计文件规定形成生产能力的主体工程及其相应配套的辅助设施全部建成，经负荷试运转，证明具备生产设计规定合格产品的条件，并经过验收鉴定合格或达到竣工验收标准，与生产性工程配套的生活福利设施可以满足近期正常生产的需要，正式移交生产的建设项目；针对非工业项目是指设计文件规定的主体工程和相应的配套工程全部建成，能够发挥设计规定的全部效益，经验收鉴定合格或达到竣工验收标准，正式移交使用的建设项目。

项目建成投产率，指一定时期内全部建成投产项目个数与同期施工项目个数的比率。该指标是从建设单位建设速度的角度反映投资效果的指标。

新增固定资产，指报告期内已经完成建造和购置过程，并已交付生产或使用单位的固定资产价值。该指标是表示固定资产投资成果的价值指标，也是反映建设进度、计算固定资产投资效果的重要指标。

固定资产交付使用率，指一定时期新增固定资产与同期完成投资额的比率。该指标是反映固定资产动用速度，衡量建设过程中宏观投资效果的综合指标。由于新增固定资产是较长时期内形成的结果，而投资额则是当年完成的，因此，该指标一般适宜于反映较长时期内固定资产的动用情况。

3. 企业 R&D 活动

创新驱动战略强调科技进步和科技创新对经济增长的贡献，企业是市场的主体也是创新的主体，实施创新驱动战略必须充分发挥企业的主体地位，企业研发活动情况体现了科技实力。本书选取如下九个考核指标：R&D 人员全时当量、研发经费内部支出、新产品开发经费支出、新产品销售收入、专利申请数、有效发明专利数、技术改造经费支出、消化吸收经费支出、购买国内技术经费支出等。依照《中国科技统计年鉴》和《中国高技术产业统计年鉴》中的解释，主要指标释义如下。

R&D 人员全时当量，是国际上通用的、用于比较科技人力投入的指标。指 R&D 全时人员（全年从事 R&D 活动累积工作时间占全部工作时间的 90% 及以上人员）工作量与非全时人员按实际工作时间折算的工作量之和。例如，有 2 个 R&D 全时人员（工作时间分别为 0.9 年和 1 年）和 3 个 R&D 非全时人员（工作时间分别为 0.2 年、0.3 年和 0.7 年），则 R&D 人员全时当量为 $1 + 1 + 0.2 + 0.3 + 0.7 = 3.2$（人年）。

R&D 经费内部支出，指调查单位在报告年度用于内部开展 R&D 活动的实际支出。包括用于 R&D 项目（课题）活动的直接支出，以及间接用于 R&D 活动的管理费、服务费、与 R&D 有关的基本建设支出以及外协加工费等。不包括生产性活动支出、归还贷款支出以及与外单位合作或委托外单位进行 R&D 活动而转拨给对方的经费支出。

新产品，指采用新技术原理、新设计构思研制、生产的全新产品，或在结构、材质、工艺等某一方面比原有产品有明显改进，从而显著提高了产品性能或扩大了使用功能的产品。

专利，是专利权的简称，是发明创造经审查合格后，由国务院专利行政部门依据专利法授予申请人对该项发明创造享有的专有权。发明创造是指发明、实用新型和外观设计。

有效发明专利数，指调查单位作为专利权人在报告年度拥有的、经国内外知识产权行政部门授权且在有效期内的发明专利件数。本书中有关专利申请受理与授权的数据口径为由我国专利机构受理与授权的专利，不包括我国在外国申请专利及被授权的数据。

技术改造经费支出，指企业在报告期进行技术改造而发生的费用支出。技术改造指企业在坚持科技进步的前提下，将科技成果应用于生产的各个领域（产品、设备、工艺等），用先进工艺、设备代替落后工艺、设备，实现以内涵为主的扩大再生产，从而提高产品质量、促进产品更新换代、节约能源、降低消耗，全面提高综合经济效益。

消化吸收经费支出，引进技术的消化吸收指对引进技术的掌握、应用、复制而开展的工作，以及在此基础上的创新。引进技术的消化吸收经费支出包括：人员培训费、测绘费、参加消化吸收人员的工资、工装、工艺开发费、必备的配套设备费、翻版费等。消化吸收经费支出中属于科技活动的经费支出，除包含在本项外，还要计入企业科技活动经费支出中。

购买国内技术经费支出，指企业在报告期购买境内其他单位科技成果的经费支出。包括购买产品设计、工艺流程、图纸、配方、专利、技术诀窍及关键设备的费用支出。

4. 企业类型

企业规模、企业性质等企业自身属性不同，使得高技术企业对产业发展的影响表现出具有不同的作用和能力。本研究选取四个指标：大中型企业数量占比、内资企业数量占比、大中型企业主营业务占比、内资企业主营业务占比。

综合所述，本研究评价模型共计4类分指标24个具体指标，高技术制造业发展能力评价指标构成如表4－1所示。

表 4-1　　　　　　　　　高技术制造业发展能力评价指标体系

分类指标	具体指标	分类指标	具体指标
生产经营	企业数（家）	企业 R&D	R&D 人员全时当量（人年）
	从业人员平均人数（万人）		研发经费内部支出（万元）
	主营业务收入（亿元）		新产品开发经费支出（万元）
	利润总额（亿元）		新产品销售收入（万元）
	利税（亿元）		专利申请数（件）
	出口交货值（亿元）		有效发明专利数（件）
固定资产投资	建成投产项目（个）		技术改造经费支出（万元）
	项目建成投产率（%）		消化吸收经费支出（万元）
	投资额（亿元）		购买国内技术经费支出（万元）
	新增固定资产（亿元）	企业类型	大中型企业数量占比（%）
			内资企业数量占比（%）
	固定资产交付使用率（%）		大中型企业主营业务占比（%）
			内资企业主营业务占比（%）

4.3

高技术制造业发展能力实证分析

4.3.1　评价的原理及方法

本研究采用因子分析法对我国各省市区高技术制造业的发展能力进行评价。因子分析首先是由皮尔森对非随机变量引入的，后霍特林将此方法推广到随机向量的情形。因子分析法的基本思想是将原来众多的、具有一定相关性的指标经过运算提取主要因子从而降低指标数量，明晰指标之间的层次关系及其重要性的差异。最初选取的评价指标变量都在不同程度上反映了高技术制造业创新驱动发展能力的部分信息，且指标变量之间互相关联，数据统计结果在一定程度上存在重叠。过多的指标变量不仅增加了系统评价的复杂性，同时在后期数据计算时计算量过大，极易出现结果偏差。因子分析法为综合考察、评价指标间优劣排序提供了一种可能，因此，因子分析广泛应用于系统评估中。因子分析法的基本步骤如下。

（1）数据调研获取第一手信息资料，构建数据库；

（2）对初始指标变量进行标准化处理；

（3）计算矩阵的特征根与特征向量；

（4）因子选择，明晰指标间层次关系；

（5）计算因子载荷；

（6）计算因子得分和综合得分：对因子进行加权求和，即得最终评价值，权数为每个因子的方差贡献率；

（7）对样本的各因子得分和综合得分进行分析评价。

4.3.2　实证研究过程

4.3.2.1　数据来源

本书使用了 2009～2013 年各省市高技术制造业的与创新要素密切相关的数据指标，数据来源于 2013 年和 2014 年《中国高新技术产业统计年鉴》，保证了数据的权威性和真实性。年鉴统计对象中不包括信息化学品制造，因此本研究涉及高新技术产业的其他五大产业。另外，由于新疆、青海等一些省份数据缺失，本研究删除了存在缺失值的个案，最终获得了 111 份有效样本数据。

4.3.2.2　因子分析

本研究采用因子分析法对高技术制造业发展能力进行评价。因子分析法的基本思想是将原来众多的、具有一定相关性的指标经过运算提取主要因子从而降低指标数量，明晰指标之间的层次关系及其重要性的差异。本研究采用了 24 个具体指标，信息量较大，指标间关系及其重要性差异难以根据主观认知做出判断，通过因子分析提取出少量的几个因子，但又能代表原有指标的绝大部分信息，利用这几个因素再进行综合评价。

1. KMO 检验及相关性检验

KMO 检验及相关性检验是为了确定变量是否适合做因子分析。表 4 - 2 是 KMO 检验及 Bartlett 球形检验结果的分析结果，数据显示：KMO 检验值为 0.856，大于 0.5；Bartlett 球形检验中卡方值为 6 373.556，Sig 值为 0.000。表明适合做因子分析。另外，在相关性检验中，24 个变量之间的相关系数绝大部分大于 0.3，说明指标体系各变量之间具有较强的相关关系，可以进行因子分析。

表 4 - 2　　　　　　　　KMO 检验及 Bartlett 球形检验结果

KMO 样本充分性检验值		0.856
Bartlett 球形检验	卡方值	6 373.556
	自由度	276
	显著性水平	0.000

2. 因子提取

运用因子分析法提取公共因子，标准选择特征值大于 1 和累计方差贡献率超过 85%。本书所得因子特征值、方差贡献率与累计贡献率如表 4 - 3 所示。结果表明，前四项因子的累计方差贡献率达到 86.622%，可以用四个公共因子 F_1，F_2，F_3，F_4 代表原始指标的绝大部分信息。

3. 因子命名

采用最大方差法进行因子正交旋转，得到旋转后的因子载荷矩阵，这样能够明显地看出因子在不同变量上发生了变化，依此对公共因子进行命名。本书将各影响因子包含的具体指标汇总入表 4 - 4。

表 4 – 3　　　　　　　　　　　　　　总方差解释表

因子	初始特征值			提取平方和载入			旋转平方和载入		
	合计	方差贡献率（%）	累计贡献率（%）	合计	方差贡献率（%）	累计贡献率（%）	合计	方差贡献率（%）	累计贡献率（%）
1	14.454	60.224	60.224	14.454	60.224	60.224	10.295	42.897	42.897
2	3.284	13.683	73.906	3.284	13.683	73.906	5.945	24.771	67.668
3	2.047	8.528	82.435	2.047	8.528	82.435	3.389	14.123	81.790
4	1.005	4.187	86.622	1.005	4.187	86.622	1.160	4.832	86.622

表 4 – 4　　　　　　　　　各影响因子包含的具体指标汇总

F_1		F_2		F_3		F_4	
指标	成分	指标	成分	指标	成分	指标	成分
新产品开发经费支出	0.920	技术改造经费支出	0.803	内资企业数量占比	−0.773	固定资产交付使用率	0.760
从业人员平均人数	0.889	消化吸收经费支出	0.774	大中型企业主营业务占比	0.841	大中型企业数量占比	0.519
R&D 人员折合全时当量	0.953	购买国内技术经费支出	0.518	内资企业主营业务占比	−0.882		
利润总额	0.747	建成投产项目	0.937				
研发经费内部支出	0.957	项目建成投产率	0.603				
出口交货值	0.819	投资额	0.892				
新产品销售收入	0.885	新增固定资产	0.892				
主营业务收入	0.816						
企业数	0.886						
利税	0.804						
专利申请数	0.973						
有效发明专利数	0.972						

影响因子 F_1 的指标包括：企业数、从业人员平均人数、主营业务收入、利润总额、利税、出口交货值、R&D 人员折合全时当量、研发经费内部支出、新产品开发经费支出、新产品销售收入、专利申请数、有效发明专利数，指标集中反映了产业规模以及创新活跃程度。本书将 F_1 命名为产业发展活力。

影响因子 F_2 的指标包括：建成投产项目、项目建成投产率、投资额、新增固定资产、技术改造经费支出、消化吸收经费支出、购买国内技术经费支出。本书将 F_2 命名为产业发展支撑力。

影响因子 F_3 的指标包括：内资企业数量占比、大中型企业主营业务占比、内资企业主营业务占比。本书将 F_3 命名为产业规划合理性。

影响因子 F_4 的指标包括：固定资产交付使用率、大中型企业数量占比。本书将 F_4 命名为产业政策引导力。

4. 因子得分

采用回归法计算因子得分，并以各因子的方差贡献率占四个因子总方差贡献率的比重为权重加权汇总，得出各样本的综合得分。公式表示如下：

$$F = \frac{42.897F_1 + 24.771F_2 + 14.123F_3 + 4.832F_4}{86.622}$$

4.3.3 评价结果

表 4-5、表 4-6、表 4-7、表 4-8、表 4-9 分别是 2009 年、2010 年、2011 年、2012 年、2013 年我国部分省区市高技术制造业产业发展能力综合评价的结果。

表 4-5 2009 年部分省区市高技术制造业发展能力综合评价结果

省份	F_1	F_2	F_3	F_4	F
北京	-0.12775	-0.70793	0.77535	-1.00624	-0.19543
天津	-0.41785	-0.38626	1.18685	-1.0469	-0.18228

续表

省份	F_1	F_2	F_3	F_4	F
河北	-0.35189	-0.07786	-0.68305	-0.01695	-0.30884
山西	-0.4199	-0.85598	0.59481	-0.33044	-0.37418
辽宁	-0.20096	0.08875	-0.91715	-0.92401	-0.27522
吉林	-0.13133	0.05252	-1.78465	-0.57991	-0.37334
黑龙江	-0.65232	0.2546	0.03317	-0.32795	-0.26312
上海	-0.07693	-0.74161	1.92866	-1.43208	-0.01561
江苏	0.14222	1.91631	1.04222	0.10869	0.79442
浙江	0.03434	-0.13797	-0.17459	-1.0457	-0.10924
安徽	-0.16031	-0.22136	-1.05268	-0.88077	-0.36345
福建	-0.48578	-0.55185	1.77295	-0.46919	-0.13549
山东	-0.0938	0.35166	0.08031	-1.43257	-0.01271
河南	-0.28896	0.2059	-1.2938	0.46736	-0.26909
湖北	-0.19375	-0.28887	-0.57823	-0.23928	-0.28618
湖南	0.03452	-0.37292	-1.3344	-1.37449	-0.38379
广东	2.6447	-0.5742	0.49603	-0.19356	1.21558
海南	-0.14573	-0.78573	0.01051	-1.94925	-0.40388
重庆	-0.24445	-0.46572	0.53334	-0.46527	-0.36714
四川	-0.26154	0.05946	-0.84962	0.96914	-0.19698
贵州	-0.21468	-0.87071	-0.2623	0.33122	-0.3796
陕西	-0.2844	-0.46665	-0.2205	0.53248	-0.28054
甘肃	-0.18162	-0.82946	-0.67089	0.0944	-0.43126
宁夏	-0.27757	-0.84779	-0.19517	-0.1083	-0.41776

表 4-6　　2010 年部分省区市高技术制造业发展能力综合评价结果

省份	F_1	F_2	F_3	F_4	F
北京	-0.00358	-0.8326	0.97381	-1.63335	-0.17221
天津	-0.539	-0.30358	1.3283	0.52793	-0.10772
河北	-0.29702	-0.2245	-0.52828	-0.14045	-0.30526
辽宁	-0.0813	-0.14494	-0.73564	-1.47813	-0.2841

省份	F_1	F_2	F_3	F_4	F
黑龙江	-0.57115	0.12992	-0.1144	-0.21735	-0.27647
上海	-0.02182	-0.39855	1.81745	-1.27457	0.10044
江苏	0.4603	2.50374	1.20133	-0.37029	1.11915
浙江	0.03186	0.15079	-0.06573	-0.93257	-0.00384
安徽	-0.1603	0.0959	-1.07334	-1.4303	-0.30674
福建	-0.42346	-0.37696	1.88319	-0.7091	-0.05002
江西	-0.33117	0.33301	-1.2651	0.2495	-0.26112
山东	-0.1154	0.65252	0.09583	-1.3911	0.06748
河南	-0.17665	-0.0816	-1.0465	0.02416	-0.28009
湖北	-0.20941	-0.11843	-0.58693	-0.14181	-0.24118
湖南	-0.06265	0.00888	-1.34588	-1.38062	-0.32493
广东	3.40618	-0.19922	0.69041	-0.72876	1.70175
广西	-0.20349	-0.29308	-0.91381	-0.63075	-0.36876
重庆	-0.25381	-0.41784	-0.28569	-0.96917	-0.34582
四川	-0.39351	0.11425	-0.4206	1.80652	-0.13
贵州	-0.1256	-0.99267	-0.1302	-0.24496	-0.38096
云南	-0.01832	-0.77969	-0.69082	-1.67187	-0.43793
陕西	-0.56747	-0.38191	-0.23443	3.86676	-0.21276

表4-7　　　　2011年部分省区市高技术制造业发展能力综合评价结果

省份	F_1	F_2	F_3	F_4	F
北京	0.10746	-0.84965	1.10711	-1.30193	-0.08188
天津	-0.44259	-0.4761	1.77184	-0.36491	-0.0868
河北	-0.35183	-0.22405	-0.3682	0.26856	-0.28336
辽宁	-0.12784	-0.00113	-1.00581	-0.03486	-0.22957
吉林	-0.25475	0.033	-1.41955	0.5672	-0.31653
上海	-0.23574	-0.42063	2.37997	0.08156	0.15556
江苏	0.14712	4.7267	1.09486	-0.07798	1.5987
浙江	-0.0101	0.29233	0.20842	-0.28195	0.09685

续表

省份	F_1	F_2	F_3	F_4	F
安徽	− 0.24002	0.09129	− 1.01789	− 0.07421	− 0.26285
福建	− 0.46243	− 0.33784	1.86221	0.56063	0.00928
山东	− 0.07553	0.93401	0.05921	− 0.44756	0.21438
河南	− 0.34198	0.05069	− 0.4387	0.70707	− 0.18694
湖北	− 0.22875	− 0.12777	− 0.37992	0.5664	− 0.18017
湖南	− 0.08815	− 0.06891	− 1.09786	− 0.54066	− 0.27252
广东	4.36919	− 0.66698	0.27587	1.20343	2.08508
广西	− 0.27418	− 0.30973	− 0.74848	0.14164	− 0.33849
海南	− 0.30234	− 0.53776	− 0.18846	− 0.47577	− 0.36077
重庆	− 0.63769	− 0.4725	0.79653	1.43044	− 0.24125
四川	− 0.43775	0.10985	− 0.03195	1.46525	− 0.10884
贵州	− 0.20786	− 1.02649	− 0.06125	0.27384	− 0.39119
云南	− 0.22569	− 0.64855	− 0.64119	0.16935	− 0.39232
陕西	− 0.19717	− 0.68841	− 0.03811	1.00359	− 0.24474
甘肃	− 0.13521	− 0.88407	− 0.64463	0.00137	− 0.4248

表 4 - 8　　2012 年部分省区市高技术制造业发展能力综合评价结果

省份	F_1	F_2	F_3	F_4	F
北京	0.30206	− 1.23665	1.01909	− 0.33578	− 0.05663
天津	− 0.3609	− 0.45964	1.56251	0.48083	− 0.02859
河北	− 0.40201	0.10337	− 0.5013	0.05705	− 0.24807
辽宁	− 0.13045	0.21611	− 1.17323	− 0.16426	− 0.20325
吉林	− 0.20187	0.06117	− 1.41951	− 0.04619	− 0.31649
上海	0.03527	− 0.77751	2.20783	− 0.45063	0.12995
江苏	0.86663	4.28617	0.55389	0.57093	1.77703
浙江	0.11306	0.4756	0.20236	− 0.85215	0.17745
安徽	− 0.18883	0.27395	− 1.11458	− 0.3078	− 0.21406
福建	− 0.45675	− 0.08639	1.9508	− 0.01403	0.06638
江西	− 0.52495	0.43629	− 0.47472	1.48195	− 0.12993

省份	F_1	F_2	F_3	F_4	F
山东	−0.05224	1.58099	0.1869	−0.73768	0.41556
河南	−0.47384	0.26419	0.08289	1.34626	−0.0705
湖北	−0.24942	0.20263	−0.36236	0.34356	−0.10549
湖南	−0.25969	0.40175	−1.22534	0.22377	−0.20101
广东	5.25062	−0.9345	0.04075	1.23323	2.40842
重庆	−0.62317	−0.39533	1.00985	0.93927	−0.20461
四川	−0.29579	0.4238	0.08242	1.30183	0.06077
云南	−0.3295	−0.67925	−0.4838	1.11242	−0.37424
陕西	0.22263	−0.46067	−1.48377	−0.62189	−0.29809
甘肃	−0.05305	−0.7861	−1.11423	−0.1209	−0.43948

表4−9　　　　2013 年部分省区市高技术制造业发展能力综合评价结果

省份	F_1	F_2	F_3	F_4	F
北京	−0.07781	−0.99142	0.64081	4.59445	0.03872
天津	−0.30715	−0.33639	1.2818	0.95345	0.01387
河北	−0.48314	0.42134	−0.81329	0.81779	−0.20576
山西	−0.63009	−0.45756	0.74071	0.53319	−0.29237
辽宁	−0.06582	0.201	−1.23265	−0.42022	−0.19953
上海	0.04821	−0.64429	2.43652	−1.3941	0.15912
江苏	0.84953	5.0259	0.43141	0.13821	1.93599
浙江	0.10585	0.90354	−0.07184	−0.5928	0.26602
安徽	−0.25033	0.56273	−1.22421	−0.08187	−0.16721
福建	−0.58224	0.41506	1.95862	−0.06878	0.14586
江西	−0.3738	0.42294	−0.73563	0.96049	−0.13052
山东	−0.0499	1.88937	0.11189	−0.40829	0.51105
河南	−0.37964	0.54151	0.16262	1.39536	0.0712
湖北	−0.12986	0.24185	−0.43842	−0.29645	−0.08317
湖南	−0.28259	0.60345	−1.04473	0.26654	−0.12284
广东	5.77556	−0.59683	−0.6886	0.12806	2.58438

省份	F_1	F_2	F_3	F_4	F
海南	− 0.62747	− 0.88737	1.21351	1.51111	− 0.28235
重庆	− 0.60198	− 0.35043	1.08345	0.85535	− 0.17396
四川	− 0.16624	0.44393	0.24359	0.75809	0.12663
云南	− 0.23265	− 0.58472	− 0.58974	0.01234	− 0.37789
陕西	− 0.05996	− 0.42063	− 0.40971	0.24764	− 0.20297

下面，本书对 2013 年我国部分省区市高技术制造业产业发展能力的评价结果进行简单分析。

1. 产业发展活力

产业发展活力因子方面，得分为正的只有 4 个省市，包括广东、江苏、浙江、上海，其中广东得分遥遥领先，为 5.77556，是第二名江苏省的 6 倍多，更是远远高于其他省市。数据表明，我国已初步形成了高技术制造业发展带，产业规模较大、创新活跃的区域集中在长江三角洲、珠江三角洲和京津地区，京津区域相比前两者稍显落后，由产业带形成对周围省市的辐射，促动高技术制造业的快速发展。同时，数据显示，我国高技术制造业发展活力地区间存在差异，不平衡程度较高，多数省份还未达到平均水平。

2. 产业发展支撑力

产业发展支撑力方面得分为正，即高于平均水平的有 12 个省市，分别是江苏、山东、浙江、湖南、安徽、河南、四川、江西、河北、福建、湖北、辽宁，产业发展支撑力较高的仍然集中在东部地区，中西部地区湖南、安徽、河南、四川、江西、湖北表现可圈可点，在我国大力促进中部崛起的背景下，各省率先加强了高技术制造业发展过程中的技术投入，以购买先进技术、引进领先技术、加强技术的消化吸收等方式加强科技创新，提升产业核心竞争力。

3. 产业规划合理性

在产业规划合理性方面，上海居于首位，得分为 2. 43652，福建、天津紧随其后。在产业规划合理性因子上，有 11 个省市区得分为正，高于平均水平，列 4~11 位的依次是海南、重庆、山西、北京、江苏、四川、河南、山东。

4. 产业政策引导力

在产业政策引导力方面，北京居于首位，得分为 4. 59445；海南、河南紧随其后。在产业政策引导力因子上，有 14 个省区市得分为正，高于平均水平，列 4~14 位的依次是：江西、天津、重庆、河北、四川、山西、湖南、陕西、江苏、广东、云南。这里要注意的是海南省，海南省高技术制造业整体发展较弱，但产业政策引导力很强，表明海南省有超前的理念和意识，政策引导力度加大，提速发展高技术制造业。

5. 高技术制造业发展能力综合评价

综合得分显示，位列前三甲的省份是广东、江苏、山东。从高于平均水平的省份来看，共有 10 个省区市得分为正，其中有 7 个省市（广东、江苏、山东、北京、浙江、上海、福建）来自东部，四川省以排名第 7 的成绩为西部地区赢得一席之位，河南排名第 8 代表了中部崛起的力量。北京、天津列第 9 位和第 10 位。总体来看，东北部地区高技术制造业发展能力较低，发展能力最弱的省份是云南、山西、海南，与其他地区差异明显。

4.3.4 京津冀高技术制造业发展能力的比较与评价

依据表 4-5 至表 4-9 的数据结果，本书对京津冀高技术制造业发展能力进行比较与评价。

2009 年数据显示：F_1，河北省列第 20 位、北京第 7 位、天津第 21 位，均低于全国平均值。F_2，河北省列第 8 位，略低于全国均值；北京第 18 位、天津第 13 位，均低于全国均值。F_3，河北列第 18 位低于全国均值，北京第 5 位、天津第 3 位，均高于全国均值。F_4，河北第 7 位、北京第 18 位、天津第 20 位，均低于全国均值。综合得分 F，河北列第 15 位、北京第 8 位、天津第 7 位，均低于全国均值。

2010 年数据显示：F_1，河北第 16 位、北京第 4 位、天津第 20 位，均低于全国均值。F_2，河北第 13 位、北京第 21 位、天津第 15 位，均低于全国均值。F_3，河北第 14 位低于全国均值，北京第 5 位、天津第 3 位，均高于全国均值。F_4，河北第 6 位、北京第 21 位，均低于全国均值；天津第 3 位，高于全国均值。综合得分 F，北京第 9 位、天津第 7 位、河北第 16 位，均低于全国均值。

2011 年数据显示：F_1，河北第 19 位、天津第 21 位，均低于全国均值；北京第 3 位高于全国均值。F_2，河北第 11 位、北京第 21 位、天津第 16 位，均低于全国均值。F_3，河北第 14 位，低于全国均值；北京第 4 位、天津第 3 位，均高于全国均值。F_4，河北第 10 位，高于全国均值；天津第 19 位、北京第 23 位，均低于全国均值。综合得分 F，北京第 7 位、天津第 8 位、河北第 17 位，均低于全国均值。

2012 年数据显示：F_1，河北第 17 位、天津第 16 位，均低于全国均值；北京第 3 位高于全国均值。F_2，河北第 11 位，略高于全国均值；北京第 21 位、天津第 15 位，均低于全国均值。F_3，河北第 15 位，低于全国均值；北京第 4 位、天津第 3 位，均高于全国均值。F_4，天津第 8 位、河北第 11 位，高于全国均值；北京第 17 位，低于全国均值。综合得分 F，天津第 8 位、北京第 9 位、河北第 17 位，均低于全国均值。

2013 年数据显示：F_1，河北第 17 位、北京第 8 位、天津第 14 位，均低于全国均值。F_2，河北第 9 位，高于全国均值；北京第 21 位、天津第 13 位，均低于全国均值。F_3，河北第 18 位，低于全国均值；北京第 7 位、天津第 3 位，均高于全国均值。F_4，北京第 1 位、天津第 5 位、河北第 7 位，高于全国均值。综合得分 F，北京第 9 位、天津第 10 位，高于全国均值；河北列第 18 位，低于全国均值。

本书将 2009~2013 年京津冀高技术制造业产业发展能力综合评价结果汇总入表 4-10。

表 4-10　　　　2009~2013 年京津冀高技术制造业发展能力综合评价

年份	区域	F_1 产业 发展活力	F_2 产业发展 支撑力	F_3 产业 规划合理性	F_4 产业 政策引导力	F 综合 评价结果
2009	京	7（-）	18（-）	5（+）	18（-）	8（-）
	津	21（-）	13（-）	3（+）	20（-）	7（-）
	冀	20（-）	8（-）	18（-）	7（-）	15（-）
2010	京	4（-）	21（-）	5（+）	21（-）	9（-）
	津	20（-）	15（-）	3（+）	3（+）	7（-）
	冀	16（-）	13（-）	14（-）	6（-）	16（-）
2011	京	3（+）	21（-）	4（+）	23（-）	7（-）
	津	21（-）	16（-）	3（+）	19（-）	8（-）
	冀	19（-）	11（-）	14（-）	**10**（+）	17（-）
2012	京	3（+）	21（-）	4（+）	17（-）	9（-）
	津	16（-）	15（-）	3（+）	8（+）	7（-）
	冀	17（-）	**11**（+）	15（-）	**11**（+）	17（-）
2013	京	8（-）	21（-）	7（+）	1（+）	9（+）
	津	14（-）	13（-）	3（+）	5（+）	10（+）
	冀	17（-）	**9**（+）	18（-）	**7**（+）	18（-）

注：评价结果采用的是全国各省市区的排名；"+"表示高于全国均值，"-"表示低于全国均值；黑体标记的表明河北省此项指标高于全国均值。

数据结果显示，京津冀区域高技术制造业发展能力与区域经济发展较早的长三角、珠三角区域还存在着一定的差距。从综合得分来看，北京和天津居于全国的中上游水平，而河北位于下游水平。

从产业发展活力来看，京津冀五年内的数值绝大多数低于全国平均值，河北省排名最低，表明京津冀区域高新技术制造业发展不够活跃，河北与京津也存在差距，这将是影响河北省高技术产业承接转移的关键因素。

从产业支撑力来看，京津冀五年内的数值绝大多数低于全国平均值，不过，河北省在 2012 年和 2013 年分列全国第 11 位和第 9 位，并且超过了全国均值，表明河北省高技术制造业发展支撑是具有一定成长潜力的，这将有效助力河北省高技术产业对京津的承接转移。

从产业规划合理性来看，京津居于全国前列，而河北省位于较低的水平，与京津差距较大，这是区域协调发展必须克服的问题。

从产业政策引导力来看，京津冀区域这几年发展较快，在 2013 年三省市均超过了全国平均水平，这是河北省高技术制造业承接京津转移的有利条件。

4.4

研究小结

当前，世界经济进入长期复杂的调整期和深度转型期，全球经济复苏缓慢，欧美各国更加重视高技术制造业发展，全球信息技术不断发展，知识创新渐趋活跃，正在以创新开启经济增长新周期。同时，我国经济社会进入了以转型促发展的新阶段，以高技术制造业为抓手打造新的经济增长极，既是对经济发展新常态的主动适应，也是我国经济提质增效、提高国际竞争力、抢占经济科技制高点的重要举措。高技术制造业发展水平是国家创新能力的重要体现，其发展状况能够较为全面地反映一国的创新产业发展水平。

党的十八大提出创新驱动发展战略以来，处于产业链高端、具有高附加值的高新技术产业发展规模和速度大幅提升。《国家创新指数报告 2016 - 2017》显示，中国高技术制造业发展迅猛，高技术制造业出口占制造业出口的比重达 25.8%，居世界第 6 位，这意味着中国正在加快步伐迈向制造业强国。中国制造业要坚持创新驱动、智能转型、强化基础和绿色生态，高技术制造业要在创新驱动下走出自己的发展特色。

基于创新驱动战略的理论视角，构建了高技术制造业发展能力评价指标体系，依据近五年《中国高技术制造业统计年鉴》的权威数据开展了实证研究，认为我国高技术制造业发展能力取决于产业发展活力、产业发展支撑力、产业规划合理性、产业政策引导力，四种因素不同功效的发挥导致了我国各省区市高技术制造业发展能力存在差异。

本章还对京津冀高技术制造业产业发展能力进行了比较和评价，这部分研究的目的在于深入推进京津冀协同发展。目前我国的区域科技创新体系已经形成了各具特色的新格局，2015年4月30日中共中央政治局会议审议通过《京津冀协同发展规划纲要》，明确了京津冀协同发展的指导思想、基本原则、发展目标、功能定位、空间布局、重点领域和重大措施，为推动京津冀协同发展提供了基本遵循和行动的纲领。京津冀的区域创新创业生态体系逐步成形。它的特点主要是：体量上北京"一枝独秀"，但是种群结构多样化；创新环境政策导向明显；生态位适宜度不匹配。本章研究结果显示，京津冀高技术制造业的发展形成了各自特色，利于合理定位、协同发展；京津冀高技术制造业产业发展活力处于较低水平，整体优势表现在产业政策引导，但是，北京和天津近两年的高技术制造业有较较快增长，京津冀协同发展必须进行顶层设计，用顶层设计指导、引领、推动合作。习近平总书记于2014年2月26日在北京考察时讲话指出，要在更高层面整合京津冀产业发展，合理安排三地产业分工特别是制造业分工，着力理顺京津冀产业发展链条，形成区域间产业合理分布和上下游联动机制。可以考虑，把北京现有高端制造业的制造环节、其他制造业的整个产业链转移到津冀，把北京的部分产业发展功能疏解到津冀；北京则集中资源把创新的事业做大做强，创新成果到天津、河北实现孵化和转化。

第5章

我国高技术服务业
发展能力评价

本章综述高技术服务业发展能力评价的相关研究，构建我国高技术服务业发展能力评价指标体系，基于中国第三产业统计年鉴数据资料，运用主成分分析和聚类分析等方法对全国各省市区高技术服务业的发展能力进行实证研究，并对结果进行讨论分析。

5.1
高技术服务业发展能力评价的相关研究

高技术服务业是服务业内最具有创新性的领域，随着科学技术不断进步和商业模式频繁创新，高技术服务业作为一种新兴产业应运而生，其发展有助于国家综合实力的提升，高技术服务业创新能力评价越来越成为一项重要的研究议题。

早期高技术服务业评价方法基本沿用制造业技术创新能力的评价体系，关注硬件技术、实验条件、发明专利等方面（王瑞丹，2006；李艳华、柳卸林、刘建兵，2009；格劳律和温斯坦，1997）。随着高技术服务业的发展，学者们越来越意识到制造业的指标评价体系并不一定适合高技术服务业的特征，应当建立自身的评价指标体系。总体来看，对服务创新能力的研究主要基于四个视角：（1）投入产出视角，主要考虑创新要素资源的输入和创新绩效的输出水平，这一视角的不足在于未能解开企业服务创新能力的过程黑箱（李艳华、柳卸林、刘建兵，2009）。（2）能力整合视角，侧重于对服务产品开发能力的挖掘，但却相对忽略了市场对于服务产品价值实现的重要性及其考察（赫托格等，2010）。（3）知识基础观视角，以知识资源的创造、获取和有效利用来解释服务创新能力，但知识的无形性使这一视角难以操作化（威尔肯斯等，2008；弗里斯，2006）。（4）创新过程视角，以服务的全过程视角来考察能力，有利于刻画出服务创新能力不同于技术创新能力的属性特征，但不同服务行业的创新过程存在较大差异（李和熊，1996；魏江、陶颜、陈俊青，2008）。

高技术服务业的发展水平评价研究方面，我国学者着力于评价体系的构建及系统评价。姚正海、刘肖、路婷（2016）基于投入产出视角，将"R&D 人员全时当量"和"R&D 经费内部支出"作为投入指标，"专利申请数"和"行业增加值"作为高技术服务业创新效率评价的产出指标，基于此构建我国高技术服务业创新效率评价指标体系，运用 DEA 的 BCC 模型和 Malmquist 指数模型，首先从细分行业角度，对我国高技术服务业的六个细分行业 2009~2013 年创新效率分别进行了静态和动态评价；其次从区域省市的角度，抽取我国具有代表性的三大区域内 10 个省市进行了高技术服务业 2013 年创新效率的评价。分析结果显示：总体创新效率较强，个别细分行业之间创新效率差异较大，我国高技术服务业发展不均衡，三大区域之间以及三大区域内各省市之间的高技术服务业创新效率参差不齐。韩东林等（2013）采用因子分析法测算我国环渤海、长三角和珠三角地区三大区域高技术服务业的竞争力水平，得出竞争力水平存在较大差异的结论。文中构建了相对比较全面的评价指标体系，包含 6 个一级指标和 23 个二级指标，其中一级指标又包括：发展基础、发展规模、结构层次、发展速度、创新环境、创新能力。周冬冬等（2013）从知识管理的角度，构建高技术服务业研发机构的技术创新能力评价指标体系。基于技术创新的三个过程，研究认为高技术服务业研发机构的技术创新能力分为知识获取能力、知识应用能力和知识转化能力。运用模糊综合评价法以及数据包络分析

（DEA）评价法，对高技术服务业研发机构的技术创新能力进行了评价。研究发现，我国高技术服务业研发机构技术创新能力总体上处于中等水平，但各个行业研发机构的科技创新效率总体较强。姚正海、张海燕（2013）依据高技术服务业发展环境钻石结构模型，构建高技术服务业发展环境评价指标体系，包含经济发展环境、基础设施与社会服务环境、政策法律环境、人口文化素质环境、科技创新环境、国际化环境 6 个子环境共计 33 个评价指标。张映红、燕善俊（2017）认为高技术服务业对经济的增长和产业结构的调整优化具有推动作用。首先以我国华东地区为研究对象，构建了含有 3 个一级指标、14 个二级指标的评价体系，3 个一级指标为发展规模、基础条件和产业环境，两位学者利用主成分分析计算出华东地区高技术服务业发展的综合得分并对其进行了排名；其次运用聚类分析将发展水平相近的省市归类；最后根据上述分析结果，提出改善我国华东地区高技术服务业发展水平的建议。

5.2

高技术服务业发展能力评价

5.2.1　评价方法

本章数据选取 2014～2016 年中国高技术服务业相关数据，通过查阅收集《中国第三产业年鉴》，获得我国 31 个省区市的信息传输、软件和信息技术服务业样本资料，主要运用主成分分析法和聚类分析法开展分析评价。

1. 主成分分析法

主成分分析（principal component analysis，PCA）是经典的基于线性分类的分类系统，在数据降维方面非常有用，而且也是其他线性降维方法的基础，如：局部保留投影（locality preserving projections，LPP）、线性判别分析（linear discriminant analysis，LDA）、局部线性嵌入（locally linear embedding，LLE）。从本质上来讲，主成分分析法是一种空间映射的方法，其思路是试图找到一个超平面，样本点到这个超平面的距离足够近；尝试找到一个投影的方向，样本点投影后的点的方差最大。做法是将在常规正交坐标系的变量通过矩阵变换操作映射到另一个正交坐标系中的主元。做这个映射的目的是为了减少变量间的线性相关性。计算方法如下：（1）假设由数据的特征和记录构成二维矩阵 X_0，即 X_0 的一列表示一个特征，一行表示一条记录（一个示例），X_0 是一个 m 行 n 列的矩阵。（2）计算 X_0 的转置 X。X 为 n 行 m 列的矩阵。（3）计算 X 任意两行之间的协方差，得到一个 n 行 n 列的协方差矩阵 $CovX$。（4）求 $CovX$ 的特征值和特征向量，得到 n 个特征值和一个 n 行 n 列的特征向量矩阵 V_0。（5）根据 n 个特征值的大小，降序排序，取最大的 k 个特征值，并取这 k 个特征值对应的特征向量，得到一个 k 行 n 列的特征向量矩阵 V。（6）将 k 行 n 列的特征向量 V 与 n 行 m 列的矩阵 X 相乘，得到 k 行 m 列的矩阵 Y_0。（7）将 Y_0 进行转置就得到 m 行 k 列的矩阵 Y，这个矩阵 Y 就是包含 k 个主要成分的数据。本章对原始指标用主成分分析的方法对其进行分解，发现变量潜在的结构，实现降维的目的，并且通过计算综合得分对高技术服务业发展能力进行评价。

2. 聚类分析法

聚类分析是依据研究对象的个体特征对其进行分类的方法，分类在经济管理领域有广泛的应用。聚类分析能够将一批样本（或变量）数据根据其诸多特征，按照在性质上的亲疏程度在没有先验知识的情况下进行自动分类，产生多个分类结果。类内部个体特征之间具有相似性，不同类间个体特征的差异性较大。本书这里采用系统聚类法，也称层次聚类法，这也是目前聚类分析中使用最多的。该方法的基本思想是，先将 n 个样本各自看成一类，并规定样本与样本之间的距离和类与类之间的距离。选择距离最小的类合并成一个新类，依次进行，直至所有的样本合并成一类为止，这样形成类似于树状的结构图形成，称为聚类谱系图，可以看出样本的分类。本章通过聚类分析法，考察我国高技术服务业发展能力的区域差异性及其特征。

5.2.2　评价指标的选取

遵循统计年鉴，本研究选取了信息传输、软件和信息技术服务业密切相关的 6 方面 29 个指标。

5.2.2.1　法人单位数量

包括三个具体指标：法人单位数（家）、第三产业法人单位数（家）、第三产业法人单位数所占比重（％）。法人单位，指有权拥有资产、承担负债，并独立从事社会经济活动（或与其他单位进行交易）的组织。法人单位应同时具备以下条件：（1）依法成立，有自己的名称、组织机构和场所，能够独立承担民事责任；（2）独立拥有（或授权使用）资产或者经费，承担负债，有权与其他单位签订合同；（3）具有包括资产负债表在内的账户，或者能够根据需要编制账户。法人单位包括五种类型：企业法人、事业单位法人、机关法人、社会团体法人和其他法人。

5.2.2.2　就业人员数量

包括六个具体指标：城镇单位就业人员数（万人）、国有单位就业人员数（万人）、城镇集体单位就业人员数（万人）、其他单位就业人员数（万人）、私营企业和个体就业人员数（万人）、城镇私营和个体就业人员数（万人）。

就业人员，指在一定年龄以上，有劳动能力，为取得劳动报酬或经营收入而从事一定社会劳动的人员。具体指年满 16 周岁，为取得报酬或经营利润，在调查周内从事了 1 小时（含 1 小时）以上的劳动或由于学习、休假等原因在调查周内暂时处于未工作状态，但有工作单位或场所的人员。

单位就业人员，指报告期末最后一日 24 时在本单位中工作，并取得工资或其他形式劳动报酬的人员数。该指标为时点指标，不包括最后一日当天及以前已经与单位解除劳动合同关系的人员，是在岗职工、劳务派遣人员及其他就业人员之和。就业人员不包括：（1）离开本单位仍保留劳动关系，并定期领取生活费的人员；（2）利用课余时间打工的学生及在本单位实习的各类在校学生；（3）本单位因劳务外包而使用的人员。

国有企业，指企业全部资产归国家所有，并按《中华人民共和国企业法人登记管理条例》规定登记注册的非公司制的经济组织。不包括有限责任公司中的国有独资公司。集体企业，指企业资产归集体所有，并按《中华人民共和国企业法人登记管理条例》规定登记注册的经济组织。私营企业，指由自然人投资设立或由自然人控股，以雇佣劳动为基础的营利性经济组织。包括按照《公司法》《合伙企业法》《私营企业暂行条例》规定登记注册的私营有限责任公司、私营股份有限公司、私营合伙企业和私营独资企业。城镇私营就业人员指在工商管理部门注册登记，其经营地址设在县城关镇（含县城关镇）以上的私营企业就业人员，包括私营企业投资者和雇工。城镇个体就业人员指在工商管理部门注册登记，并持有城镇户口或在城镇长期居住，经批准从事个体工商经营的就业人员，包括个体经营者和在个体工商户劳动的家庭帮工和雇工。

5.2.2.3 固定资产投资

包括两个具体指标：全社会固定资产投资（亿元）、固定资产投资（不含农户）（亿元）。

全社会固定资产投资，以货币形式表现的在一定时期内全社会建造和购置固定资产的工作量以及与此有关的费用的总称。该指标是反映固定资产投资规模、结构和发展速度的综合性指标，又是观察工程进度和考核投资效果的重要依据。全社会固定资产投资按登记注册类型可分为国有、集体、个体、联营、股份制、港澳台商、外商、其他等。

固定资产投资（不含农户），指城镇和农村各种登记注册类型的企业、事业、行政单位，以及城镇个体户进行的计划总投资 500 万元及以上的建设项目投资和房地产开发投资。包含原口径的城镇固定资产投资加上农村企事业组织项目投资，该口径自 2011 年起开始使用。之前年份统计数据为城镇固定资产投资口径。

5.2.2.4　财务情况和经济指标

包括五个具体指标：电信主营业务收入（亿元）、电信主营业务成本（亿元）、电信利润总额（亿元）、电信资产总额（亿元）、软件业务收入（亿元）。

主营业务收入，指电信企业经营的基础电信业务和增值电信业务所取得的资费收入，以及电信企业之间网间互联电信业务的结算收入。

主营业务成本，指电信企业在通信生产过程中实际发生的与通信生产直接有关的各项费用支出。

利润总额，指电信企业在生产经营过程中，通过销售过程将商品卖给购买方，实现收入，收入扣除当初的投入成本以及其他一系列费用，再加减非经营性质的收支及投资收益。

资产总额，指过去的交易或事项形成并由电信企业拥有或控制的所有资源，该资源预期会给企业带来经济利益，按其流动性分为流动资产和非流动资产。

软件业务收入，指企业在报告期从事软件产品、信息技术服务、嵌入式系统软件三项业务收入的合计。

5.2.2.5　企业相关指标

主要指信息传输、软件和信息技术服务业行业内与企业相关的指标，包括：企业法人单位数（个）、企业法人营业收入（亿元）、企业法人资产总计（亿元）、企业法人从业人员（万人）等四个考察指标。

企业法人，包括：（1）领取《企业法人营业执照》（或新版《营业执照》）的各类企业；（2）个人独资企业、合伙企业；（3）经各级工商行政管理部门核准登记，领取《营业执照》的各类企业产业活动单位或经营单位；（4）未经有关部门批准但实际从事生产经营活动、且符合产业活动单位条件的企业法人的本部及分支机构。

营业收入，指企业经营主要业务和其他业务所确认的收入总额。营业收入合计包括"主营业务收入"和"其他业务收入"。根据会计"利润表"中"营业收入"项目的本期金额数填报。

资产总计，指企业过去的交易或者事项形成的、由企业拥有或者控制的、预期会给企业带来经济利益的资源。资产一般按流动性（资产的变现或耗用时间长短）分为流动资产和非流动资产。其中流动资产可分为货币资金、交易性金融资产、应收票据、应收账款、预付款项、其他应收款、存货等；非流动资产可分为长期股权投资、固定资产、无形资产及其他非流动资产等。根据会计"资产负债表"中"资产总计"项目的期末余额数填报。

从业人员，指报告期内（年度、月度）平均拥有的就业人员数。按"谁用工，谁统计"的原则实施统计，包括参加企业活动的正式人员、劳务派遣人员和临时聘用人员。不包括在本企业领取工资、股息、红利等未参加服务业活动的人员。

5.2.2.6 主要业务指标

主要指信息传输、软件和信息技术服务业行业与业务相关的指标，包括固定电话用户（万户）、移动电话用户（万户）、固定电话普及率（部/百人）、城市固定电话普及率（部/百人）、移动电话普及率（部/百人）、每千人拥有公用电话（部/千人）、互联网普及率（％）、开通互联网宽带业务的行政村比重（％）、互联网上网人数（万人）等指标。

固定电话用户（万户），指在电信企业营业网点办理开户登记手续并已接入固定电话网上的全部电话用户。包括普通电话用户、无线市话用户、公共电话用户、窄带综合业务数字网（N-ISDN）用户、智能网专用接入终端用户等。

移动电话用户（万户），指在电信企业营业网点办理开户登记手续，通过移动电话交换机进入移动电话网，占用移动电话号码的各类电话用户。包括各类签约用户、智能网预付费用户、无线上网卡用户。

电话普及率，指报告期行政区域总人口中，平均每百人拥有的话机数。计算公式：

$$电话普及率 = 电话机总数（包括移动电话）（部）$$
$$\times 100/行政区域总人口数（人）$$

移动电话普及率（部/百人）：城市电话用户，指按行政区划属于中央直辖市、省辖市、地级市、县级市的市区、市郊区及县城区范围内的电话用户数。包括分布在农村地区但以县团级以上建制的独立工矿区、林区、驻军的电话用户。

互联网上网人数（万人），指过去半年内使用过互联网的 6 周岁及以上中国居民人数。

5.2.3　实证分析

5.2.3.1　KMO 检验和巴特利特检验

主成分分析前首先进行数据检验，来判断原始变量是否适合做因子分析，我们这里所采用的检验方法为巴特利特球形检验（bartlett test of sphericity）和 KMO（kaiser-meyer-olkin）检验。KMO 值越接近于 1，变量间的偏相关性就越强，主成分分析效果就好。巴特利特球形检验的原假设认为相关系数矩阵是一个单位阵，即变量各自独立；如果统计量值比较大，且其相对应的相伴概率值小于用户指定的显著性水平，拒绝原假设，即相关系数矩阵不太可能是单位阵，认为适合作因子分析。反之，接受原假设，不适合作因子分析。KMO 和巴特利特检验的结果显示，KMO 值为 0.831，近似卡方为 4 194.916，自由度为 406，显著性 0.000，从这里来看，数据基本可以做主成分分析。但是，通过观察相关性矩阵、公因子方差、旋转后的成分矩阵，发现有的变量之间的相关系数过低，有的指标在两个及以上成分上均有高负荷，并且考虑到旋转后所得到的主成分的实际意义，本书剔除掉法人单位数、城镇集体单位就业人员数、软件业务收入、开通互联网宽带业务的行政村比重等4个指标，保留25个指标，再次进行KMO检验和巴特利特检验，结果显示：KMO值为0.826，近似卡方为4 202.870，自由度为300，显著性0.000，适合做主成分分析。

5.2.3.2　主成分提取

按照主成分方法，通过分析相关性矩阵，最大收敛迭代次数为25，按照特征值大于1提取主成分，本书所得总方差解释见表5-1。结果表明，前三项因子的累计方差贡献率达到84.240%，累计方差贡献率是所有公因子引起的变异占总变异比例，说明所有公因子对因变量的合计影响力，一般认为累计方差贡献率大于80%即可，因此，可以用三个主成分因子F_1，F_2，F_3代表原始指标的绝大部分信息。

表5-1　　　　　　　　　　　总方差解释

因子	初始特征值			提取平方和载入			旋转平方和载入		
	合计	方差贡献率（%）	累计贡献率（%）	合计	方差贡献率（%）	累计贡献率（%）	合计	方差贡献率（%）	累计贡献率（%）
1	15.000	60.000	60.000	15.000	60.000	60.000	11.284	45.135	45.135
2	4.707	18.829	78.83	4.707	18.829	78.83	6.365	25.460	70.595
3	1.353	5.410	84.240	1.353	5.410	84.240	3.411	13.645	84.240

5.2.3.3　因子命名

采用最大方差法进行因子正交旋转，也就是说，通过坐标变换使各个因子载荷的方差之和最大，得到旋转后的因子载荷矩阵，这样能够明显地看出因子在不同变量上发生了变化，依此对公共因子进行命名。本书将各影响因子包含的具体指标汇总入表5-2。

表 5-2　　　　　　　　　　　**各影响因子包含的具体指标汇总**

F_1		F_2		F_3	
指标	成分	指标	成分	指标	成分
第三产业法人单位数	0.828	第三产业法人单位数所占比重	0.587	固定电话普及率	0.799
国有单位就业人员数	0.768	城镇单位就业人员数	0.850	城市固定电话普及率	0.817
私营企业和个体就业人员数	0.817	其他单位就业人员数	0.865	移动电话普及率	0.695
城镇私营和个体就业人员数	0.793	企业法人单位数	0.867	每千人拥有公用电话	0.667
全社会固定资产投资	0.804	企业法人营业收入	0.782	互联网普及率	0.600
固定资产投资（不含农户）	0.843	企业法人资产总计	0.919		
电信主营业务收入	0.919	企业法人从业人员	0.728		
电信主营业务成本	0.915				
电信利润总额	0.865				
电信资产总额	0.914				
固定电话用户	0.906				
移动电话用户	0.947				
互联网上网人数	0.961				

影响因子 F_1 的指标包括：第三产业法人单位数、国有单位就业人员数、私营企业和个体就业人员数、城镇私营和个体就业人员数、全社会固定资产投资、固定资产投资（不含农户）、电信主营业务收入、电信主营业务成本、电信利润总额、电信资产总额、固定电话用户、移动电话用户、互联网上网人数等指标，本书将 F_1 命名为高技术服务业发展规模。

影响因子 F_2 的指标包括：第三产业法人单位数所占比重、城镇单位就业人员数、其他单位就业人员数、企业法人单位数、企业法人营业收入、企业法人资产总计、企业法人从业人员等指标，本书将 F_2 命名为高技术服务业发展活力。

影响因子 F_3 的指标包括：固定电话普及率、城市固定电话普及率、移动电话普及率、每千人拥有公用电话、互联网普及率等指标。本书将 F_3 命名为高技术服务业发展潜力。

5.2.3.4 因子得分

采用回归法计算因子得分，并以各因子的方差贡献率占三个因子总方差贡献率的比重为权重加权汇总，得出各样本的综合得分。公式表示如下：

$$F = \frac{45.135F_1 + 25.460F_2 + 13.645F_3}{84.240}$$

5.2.4 主成分分析的评价结果

计算过程中，因为青海省数据有缺失，该样本被排除。表5-3是2016年我国30个省区市高技术服务业产业发展能力综合评价的结果。

表5-3 2016年我国各省区市高技术服务业产业发展能力综合评价结果

序号	省区市	F_1	F_2	F_3	F_4
1	北京	-0.94504	5.38716	-0.20281	1.08898
2	天津	-0.86081	0.30529	0.22155	-0.33306
3	河北	0.53093	-0.26426	-0.71063	0.08949
4	山西	-0.24476	-0.21813	-0.64078	-0.30086
5	内蒙古	-0.44163	-0.03819	-0.81056	-0.37946
6	辽宁	-0.16325	-0.18435	0.67419	-0.03398
7	吉林	-0.3735	-0.27399	0.13041	-0.26181
8	黑龙江	-0.20239	-0.02078	-0.79877	-0.24411
9	上海	-0.34282	0.90023	1.43187	0.32033
10	江苏	2.18784	1.1914	-1.27522	1.32574
11	浙江	1.15148	0.27027	1.27382	0.90497
12	安徽	0.40325	0.01242	-1.51418	-0.02545
13	福建	0.39459	-0.14287	0.27818	0.2133
14	江西	-0.08648	-0.3377	-0.87674	-0.29041

续表

序号	省区市	F_1	F_2	F_3	F_4
15	山东	1.26667	0.67841	−1.67378	0.61259
16	河南	0.72324	0.261	−1.65122	0.19892
17	湖北	0.25486	0.08832	−0.77598	0.03756
18	湖南	0.3298	0.24092	−1.53258	0.00127
19	广东	4.06483	0.30182	1.43965	2.50231
20	广西	−0.0579	0.11991	−1.70891	−0.27159
21	海南	−0.99877	−0.30278	0.29806	−0.57836
22	重庆	−0.06185	−0.65298	0.29878	−0.18209
23	四川	0.69236	0.32843	−0.65019	0.3649
24	贵州	−0.27983	−0.56077	−0.85927	−0.45859
25	云南	−0.03738	−0.00499	−1.39238	−0.24707
26	西藏	−1.4492	−0.23166	0.35313	−0.78928
27	陕西	−0.21563	−0.00214	0.07529	−0.10398
28	甘肃	−0.56038	−0.40374	−0.41298	−0.48916
29	宁夏	−0.99439	−0.23988	−0.38602	−0.66781
30	新疆	−0.72878	−0.35406	0.60773	−0.39905

从综合得分来看，全国 30 个省区市中有 12 个高于均值，广东省得分 2.50231 高居榜首，江苏省得分 1.32574 紧随其后，北京市以 1.08898 的得分位列第三位，其他分值为正的省市还包括：浙江、山东、四川、上海、福建、河南、河北、湖北、湖南 9 省市，其中河北省列第 10 位。

高技术服务业发展规模方面，全国 30 个省区市中有 11 个地区高于均值，广东省得分 4.06483 大幅领先于其他省份位列首位，江苏省得分 2.18784 依然列第二位，山东省的得分为 1.26667 进位三甲，其他高于均值的省份还包括：浙江、河南、四川、河北、安徽、福建、湖南、湖北等 8 个省份，其中河北省以得分 0.53093 列第七位，相较于综合得分位次有提升。

高技术服务业发展活力方面，全国 30 个省市自治区中有 13 个地区高于均值，北京市表现强势，得分 5.38716 遥遥领先，位列榜首；列第二位的是江苏省，得分为 1.1914；上海市得分 0.90023，列第三位为自身正名。

其他高于均值的省市还包括：山东、四川、天津、广东、浙江、河南、湖南、广西、湖北、安徽10个省区市。这里可以发现，相较于发展规模而言，上海市、天津市、广西壮族自治区在高技术服务业发展中侧重发展活力。河北省以得分 −0.26426 列第23位，而且低于全国平均水平。

高技术服务业发展潜力方面，总体而言，全国30个省区市得分比较接近，差距不大。有12个地区高于均值，广东省以1.43965的得分仍然列第一位，上海市、浙江省分列第二位和第三位，得分分别为：1.43187、1.27382；其他高于均值的9个省区市是：辽宁、新疆、西藏、重庆、海南、福建、天津、吉林、陕西。从排序可以看出，我国东北部、西北部地区具有非常大的高技术服务业发展潜力，这可能得益于我国近年来东北振兴战略、西部大开发战略，这些地区加大了改革创新的步伐，高技术服务业蓄势待发，前景良好。河北省以得分 −0.71063 列第18位，而且低于全国平均水平。

图5-1是2016年我国各省区市高技术服务业产业发展能力评价的组合。横轴是按照综合得分的30个省市自治区名称，F_1 是各省市自治区高技术服务业发展规模的比较；F_2 是各省市自治区高技术服务业发展活力的比较；F_3 是各省市自治区高技术服务业发展潜力的比较；F_4 是各省市自治区高技术服务业发展能力的综合比较。

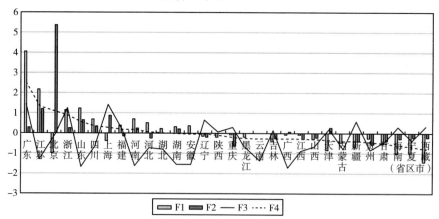

图5-1 2016年我国各省区市高技术服务业产业发展能力评价的组合

5.2.5　聚类分析

前文已经对我国高技术服务业的发展能力进行了排序，在得到综合得分的基础上，进一步利用聚类分析将发展水平相似的省区市进行归类。运用系统聚类分析法，对 2016 年 30 个样本数据的各因子进行分析，采用组间平均联接聚类法，以平方欧氏距离进行分析，得出结果。组间平均距离连接法（Between-groups linkage），将两个类所有的样本对的平均距离作为两类的距离，合并距离最近或相关系数最大的两类，合并两类的结果使所有的两两项对之间的平均距离最小。

第 1 个因子（高技术服务业发展规模）的分类，第一梯队的是广东省，第二梯队的是江苏、浙江、山东，其他省区市列第三梯队。第 2 个因子（高技术服务业发展活力）的聚类分析结果显示，可以分为两类：其中北京市单独为一类，其他省区市归为第二类，表明北京市的高技术服务业发展活力远远高于其他省区市，创新要素独具优势，引擎动力强劲。第 3 个因子（高技术服务业发展潜力）的聚类分析结果显示，分为两类：第一类主要是广东、上海、浙江、东北部及西北部地区，第二类主要是中部地区。结果从发展潜力来看，中部地区是相对较弱的。相对落后的地区，应当学习发达地区的经验，并且在现有的发展基础上充分使用自身资源，发展自身特色，进一步提升高技术服务业的发展水平。

从综合得分来看，可以分为三个梯队：第一梯队的是广东省，第二梯队的是北京、江苏、浙江，其他省区市列第三梯队。图 5 - 2 是 2016 年我国各省区市高技术服务业产业发展能力综合得分的聚类分析结果。图中各省区市的编号与表 5 - 3 相同。广东省经济发达，GDP 总量居全国第一，紧邻港澳，开放程度高，珠三角是我国改革开放的先行地区，是我国重要的经济中心区域，在全国经济社会发展和改革开放大局中具有突出的带动作用和举足轻重的战略地位。广东省产业集群承接转化能力领先全国，高技术服务业与制造业相互融合渗透，形成良性的互动发展。珠三角地区是世界重要的制造业基地，无人机、机器人、大数据等新产业、新业态蓬勃发展，形成了产值超万亿元的珠江东岸高端电子信息产业带和珠江西岸先进装备制造产业带，其中广州个体化医疗与生物医药、深圳下一代互联网、佛山高端装备等一批创新型产业集群承接科技成果转化和产业化的能力领先全国。同时，拥有华为、腾讯、格力、华大基因、大疆科技等一大批具有国际竞争力的龙头企业。这些实力雄厚的龙头企业在承接国内外、港澳技术成果到广东转化发挥了关键性作用。广东省市场化程度高，企业创新能力强，风险投资活跃等，这些原因促成了广东省高技术服务业发展迅速，领跑全国。

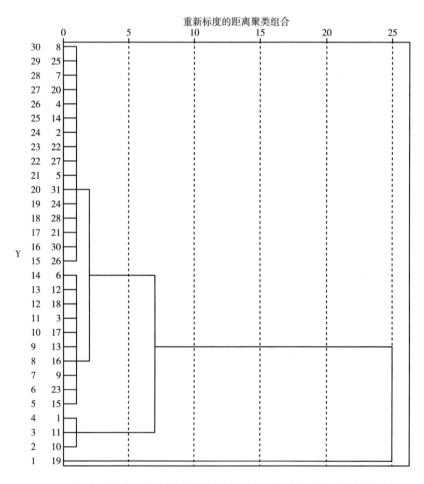

图 5 - 2 2016 年我国各省区市高技术服务业产业发展能力综合得分的聚类分析结果

5. 3

研究小结

当前全球产业结构由"工业型经济"向"服务型经济"加速转型，"十二五"期间我国服务业增加值占 GDP 的比重也从 44.2% 上升到 50% 左右。高技术服务业的面貌日新月异，以云计算、大数据、移动互联网、物联网、务联网和新型终端技术等为代表的新一代信息技术正带动服务计算、知识图谱等技术深入研究和应用，为高技术服务业发展提供了更好的技术基础和更大的发展空间，高技术服务业呈现出"跨界融合"的新态势与新特征。高技术服务业向全球化、专业化、网络化深化发展，由技术原创驱动的服务创新和规则制定成为未来服务业竞争的重要内容。"十三五"期间乃至未来，高技术服务业为经济社会发展提供更为强大的智力服务和科技支撑。

本章在相关研究的基础上，基于中国第三产业统计年鉴数据资料，构建我国高技术服务业发展能力评价指标体系，包括 3 个一级指标和 25 个二级指标，其中一级指标为：高技术服务业发展规模、发展活力、发展潜力。接下来，运用主成分分析和聚类分析等方法对全国各省市区高技术服务业的发展能力进行实证研究，通过数据结果得到两点研究发现：第一，我国各省区市近年来高技术服务业都取得了一定的进展，不过各地的发展策略并不相同，高技术服务业发展能力总体可以从发展规模、发展活力、发展潜力三方面进行评价。各地充分利用相关政策及资源优势采用了具有特色的发展模式和路径机制。例如，广东省和江苏省综合实力领先，各指标相对比较均衡；广东省开放度高，市场活力较好；江苏省企业创新能力强，民营经济基础扎实；北京、上海、天津侧重于重点提升高技术服务业的发展活力，表现在以企业发展为核心，促进新业态和新模式的涌现和崛起。中西部地区在基础设施等方面加大了投入，为吸引高技术、高端人才做了充分准备，未来发展潜力巨大。第二，我国各地区高技术服务业的发展状况不均衡，地区间的差异较大。从聚类分析的结果可以看出，大部分的省区市落后于发达的省区市，这种不平衡阻碍了区域间协调发展。各地区应该结合自身的实际情况，充分利用资源，提高利用率，在今后的发展中依然应该大力支持高技术服务业，政府方面继续加大投资力度，各地区也应该积极配合。

高技术服务业是以实现服务高新技术项目、孵化高新技术企业、培育高新技术产业为目的，运用高新技术、现代科技知识等要素为科技创新和科技成果转化的商业化运作提供支撑服务的新兴服务产业，是科技服务业的高端部分，对于建设产业功能区及园区，构建产业生态圈创新生态链，发展新经济培育新动能有着重要作用。高技术服务业的发展，要以满足科技创新需求和提升产业创新能力为导向，加强科技创新和商业模式创新，培育和壮大科技服务市场主体，大幅增强服务科技创新能力，明显提升科技服务市场化水平和国际竞争力。

第6章

创新驱动与高技术企业
发展关系的实证研究

本章进行创新驱动与高技术企业发展关系的实证研究，挖掘高技术企业创新驱动发展的内在作用机制，主要考察创新来源与高技术制造业企业发展的关系、创新驱动视角下高技术服务业的贡献率分析。

6. 1
创新来源与高技术制造业企业发展的关系

自2008年全球金融危机之后，世界主要国家纷纷运用新技术整合传统产业并且大力发展战略性新兴产业，科技创新成为提升国家竞争力的战略引擎，对处于产业链高端、具有高附加值的高技术产业的主导和控制成为国家战略的重心。我国在创新驱动发展战略的引导下和一系列高技术产业政策的鼓励支持下，高技术产业发展态势良好，但也存在成长乏力的危险。在我国现行条件下，高新技术主要来源于自主研发、技术引进和投资拉动三种途径，本部分研究的主要问题是这三种不同技术来源渠道所产生的创新绩效如何？在促进高技术产业发展中是否发挥了预期推动作用？高技术产业发展水平主要表现在高技术的市场化、产业化和国际化，本章基于《中国高技术产业统计年鉴》获得2009～2013年各省区市相关数据资料，围绕研究问题开展实证分析，研究目的在于剖析高技术产业发展的内在逻辑，为产业发展和优化升级提供战略思路。

6.1.1 理论和假设

6.1.1.1 投资拉动与高技术产业发展

战略管理学家迈克尔·波特（1990）提出，国家经济发展如果处在要素驱动和投资拉动阶段，政府在经济发展中占主导地位，可以通过当地得天独厚的自然资源或者通过吸引投资发展优势产业参与国际竞争。世界经济论坛发布的《全球竞争力报告》，以人均国民经济生产总值和初级产品出口份额所占的比重，将经济发展分为三阶段：要素驱动、效率驱动和创新驱动。数据显示：2008~2009年，中国成功实现了由要素驱动向效率驱动的跨越，这意味着中国经济发展逐渐依赖于生产要素的配置效率，凭借资本密集型大企业的主导优势，以规模经济效应推动工业化进程。

高技术产业发展对于投资有着较高的依存度，可以说我国高技术产业是在国家及当地政府大力扶持下成长起来的。国家加大对产业基础设施、产学研合作创新平台、知识产权保护项目、特色产业集群、创新产业基地、高新园区等项目的投资力度和建设力度，推动一大批具有国际水准、代表产业高端的龙头企业和重大项目集中落地，有利于培植新的经济增长点、完善区域科技创新体系，优化高技术产业布局；有利于我国顺利实现工业化从中期向后期过渡，实现由投资驱动向创新驱动的跨越式发展。

高技术产业发展程度较高的特征表现在：科技成果更多地转化成为市场价值，即高技术市场化；高技术产业规模不断扩大实现倍增发展，即高技术产业化；高技术产品走向国际，能够深度参与国际竞争，即高技术国际化。

综上分析，投资拉动仍然是高技术产业发展的主要手段和主要驱动力，提出第一组研究假设：

假设1a：投资拉动与高技术市场化正相关；

假设1b：投资拉动与高技术产业化正相关；

假设1c：投资拉动与高技术国际化正相关。

6.1.1.2　自主创新与高技术产业发展

自主创新是指企业通过自身努力，攻破技术难关，形成有价值的研究开发成果，并在此基础上依靠自身的能力推动创新的后续环节，完成技术成果的商品化，获取商业利润的创新活动（何慧慧、程豹、胡莹莹，2006）。自主创新的本质体现在自主拥有技术的知识产权以及技术成果的推广和应用，因此，自主创新是科技创新的战略基点，是建设创新型国家的核心驱动力。

自主创新的意义和价值首先表现在高技术产业的发展上。国内外学者研究了自主创新对产业发展的促进作用及其机制。布莱希特（Brecht，1992）以澳大利亚制造业为研究对象，考察了 R&D 费用支出对产业竞争力的作用关系，结果显示，在技术密集型产业部门，R&D 投入的强度对贸易出口具有积极影响，表现出较强的竞争优势。蒙托比奥（Montobbio）和兰帕（Rampa，2005）基于九个发展中国家的数据资料，研究发现在高技术产业中技术创新活动能够显著提升高技术产品的出口绩效，进而增强产业竞争力。我国学者李婧（2013）利用 2000～2010 年高技术产业细分行业的面板数据，以新产品销售收入作为技术创新产出的衡量指标，研究结果显示，企业 R&D 经费支出对技术创新绩效有显著的正向影响。李平等（2011）重点考察了高技术产业研发资源投入与产业发展的作用关系，得出结论，产业 R&D 资源投入与高技术产业发展存在长期均衡关系，其中产业研发经费支出与产业发展具有正向长期均衡关系；产业专利申请数与高技术产业发展具有反向长期均衡关系；而研发人员数量投入与产业发展之间的关系尚不明显；增加高技术产业研发经费投入是保持高技术产业 R&D 资源投入与产业发展良性互动的有效途径。封伟毅、李建华、赵树宽（2012）运用 1995～2010 年的统计数据，以产业利润衡量高技术产业竞争力的高低，实证结果显示，自主创新对高技术产业竞争力有显著的正向影响。

综上分析，在全球化背景下，竞争资源稀缺，通过自主创新促进高技术产业发展的提质增效具有重要意义。基于此，提出第二组研究假设：

假设 2a： 自主创新与高技术市场化正相关；

假设 2b： 自主创新与高技术产业化正相关；

假设 2c： 自主创新与高技术国际化正相关。

6.1.1.3 技术引进与高技术产业发展

产业技术创新不仅依赖于自身的内生创新努力，还依赖于社会经济系统中可获取的技术溢出。我国高技术产业近几年虽然发展迅猛，但在全球产业链中仍然处于中低端环节，与先发国家相比，产业之间还存在势差，存在技术跃迁的"机会窗口"，造就了高技术产业通过技术引进实现技术快速提升的客观条件。高技术的时效性和专业性程度都非常高，通过技术引进，加强与外部技术的交流与合作能够使高技术企业短期内抓住创新机会，缩小与领先技术的差距，有效带动二次创新，是高技术产业发展的不可忽视的重要因素。

冯锋、马雷、张雷勇（2011）考察了技术引进的不同类型对高技术产业发展的影响与作用，三种外部技术来源形式为：国内技术购买、国外技术引进和三资企业科技活动溢出，三位学者根据 1999～2008 年我国高技术产业行业面板数据开展了实证研究。以新产品销售收入作为创新绩效的代理变量，国外技术引进能显著提高创新效率。刘焕鹏、严太华（2014）运用我国 1998～2011 年 28 个省区市高技术产业的面板数据，深入研究我国高技术产业技术引进与创新绩效的关系及作用机理。研究结果表明：总体而言，技术引进对创新绩效具有显著的正向影响，技术引进与创新绩效的关系表现出明显的地区差异，东部地区技术引进与创新绩效呈显著的"U"型关系，在拐点左侧，技术引进对创新绩效具有抑制效应，在拐点右侧，技术引进对创新绩效具有促进效应；我国大部分省区市位于拐点右侧。技术引进与创新绩效在中部地区为显著的正向线性关系；在西部地区既不存在显著的线性关系也不存在显著的非线性关系，即技术引进对创新绩效不存在显著影响。研究的贡献在于肯定了技术引进的价值，同时挖掘了我国高技术产业地区差异产生的创新价值发挥与影响。支燕、白雪洁（2012）构建影响我国高技术产业创新绩效的体系框架，运用结构方程的定量方法比较了自主创新与技术外取对我国高技术产业创新绩效的影响。创新绩效采用新产品产值和拥有专利数量两个考核指标，研究发现，自主创新及技术外取对高技术产业创新绩效的影响路径系数均为正，且显著性水平在1%，不过，技术外取对我国高技术产业创新绩效的影响程度远高于自主创新，研究结果表明通过技术外取的方式可以更充分地利用后发优势。

综上分析，技术引进是国际间技术溢出的重要渠道，接受先进技术的引进企业可以直接核心知识进而积累并创造知识，形成核心竞争力，促进产业发展。本书提出第三组研究假设：

假设 3a：技术引进与高技术市场化正相关；

假设 3b：技术引进与高技术产业化正相关；

假设 3c：技术引进与高技术国际化正相关。

6.1.2　实证检验

6.1.2.1　数据来源

本章使用了 2009～2013 年各省市高技术制造业企业的基础资料，数据来源于 2013 年和 2014 年《中国高技术产业统计年鉴》，保证了数据的权威性和真实性。由于新疆、青海等一些省份数据缺失，本研究删除了存在缺失值的个案，最终获得了 111 份有效样本数据。参考国家统计局《高技术产业（制造业）分类（2013）》，本章中高技术产业（制造业）是指国民经济行业中 R&D 投入强度（即 R&D 经费支出占主营业务收入的比重）相对较高的制造业行业，本研究统计对象包括医药制造，航空、航天器及设备制造，电子及通信设备制造，计算机及办公设备制造，医疗仪器设备及仪器仪表制造等五大类产业。

6.1.2.2　变量测量

1. 高技术产业发展

本章从高技术市场化、高技术产业化、高技术国际化三方面来衡量区域高技术产业发展水平（黄伟，2013）。高技术市场化意味着高科技成果转化成为现实生产力，逐渐被市场接纳和认可，本研究以高技术产业新产品销售收入的实际数值并且取对数来表示。高技术产业化表明创新性产品和技术在产业内的渗透和影响范围，指科技带来的产业效益，本研究以高技术产业利润总额的实际数值并且取对数来表示。高技术国际化反映了高技术产业发展的国际竞争力，本研究以高技术产业出口交货值的实际数值并且取对数来表示。

2. 高技术产业发展的影响因素

本研究主要考察创新驱动和投资拉动对高技术产业发展的促进效果，创新资源投入的持续增加促进了高技术产业创新能力；创新环境的日益改善助推科技服务能力不断提高。本研究选取了如下 12 个考核指标：R&D人员折合全时当量、新产品开发经费支出、研发经费内部支出、引进技术经费支出、消化吸收经费支出、购买国内技术经费支出、施工项目、新开工项目、建成投产项目、项目建成投产率、投资额、新增固定资产。因为指标较多，本研究运用因子分析法进行信息的剖析。

3. 控制变量

本研究采用四个控制变量：企业个数、从业人员平均人数、有效发明专利数、固定资产交付使用率。其中，从业人员平均人数数目较大，为减少偏差，本章以实际数值取对数来进行统计分析；其他三个控制变量均从年鉴中直接获取。

6.1.2.3 因子分析

因子分析是寻找潜在的起支配作用的因子模型的方法。其基本思想是将原来众多的、具有一定相关性的指标经过运算提取主要因子从而降低指标数量，使得同组内的变量之间相关性较高，但不同的组的变量相关性较低。每组变量代表一个基本结构，这个基本结构称为公共因子，而且提取出来的公共因子能够比较全面的诠释原有指标的信息，并且这几个公共因子互不相关。

本研究在分析高技术产业发展的影响因素中，采用了 12 个指标，信息量较大，运用因子分析进行降维处理。因子分析结果显示，KMO 样本充分性检验值为 0.829，大于 0.5；Bartlett 球形检验卡方值为 2 546.318，显著性水平为 0，说明适合做因子分析。KMO 检验及 Bartlett 球形检验的具体结果见表 6 - 1。

表 6 - 1　　　　　　　　　KMO 检验及 Bartlett 球形检验结果

KMO 样本充分性检验值		0.829
Bartlett 球形检验	卡方值	2 546.318
	自由度	66.000
	显著性水平	0.000

运用主成分分析法提取公共因子，标准选择特征值大于 1 和累计方差贡献率达到 85%。本章所得因子特征值、方差贡献率与累计贡献率如表 6 - 2 所示。前三个因子特征值大于 1 且累计方差率为 86.859%，因此，可以提取出 3 个公共因子。旋转后的成分矩阵如表 6 - 3 所示。

表 6 - 2　　　　　　　　　　　总方差解释

因子	初始特征值			旋转前的因子载荷量			旋转后的因子载荷量		
	合计	方差贡献率（%）	累计贡献率（%）	合计	方差贡献率（%）	累计贡献率（%）	合计	方差贡献率（%）	累计贡献率（%）
1	8.074	62.109	62.109	8.074	62.109	62.109	5.448	41.909	41.909
2	2.194	16.881	78.990	2.194	16.881	78.990	3.293	25.329	67.238
3	1.023	7.870	86.859	1.023	7.870	86.859	2.551	19.621	86.859

表 6 - 3   旋转后的成分矩阵

	投资拉动	自主创新	技术引进
研发人员折合全时当量		0.951	
研发经费内部支出		0.963	
新产品开发经费支出		0.926	
引进技术经费支出			0.803
消化吸收经费支出			0.615
购买国内技术经费支出			0.708
施工项目	0.871		
新开工项目	0.904		
建成投产项目	0.916		
项目建成投产率	0.793		
投资额	0.855		
新增固定资产	0.842		

6.1.2.4 因子命名

采用最大方差法进行因子正交旋转,得到旋转后的因子载荷矩阵,这样能够明显地看出因子在不同变量上发生了变化,依此对公共因子进行命名。新的变量将代替原有 12 个指标,并且进入到下一轮的统计分析。

因子 1 命名为"投资拉动",包括指标:施工项目、新开工项目、建成投产项目、项目建成投产率、投资额、新增固定资产。主要反映了区域为发展高技术产业而采取的项目拉动,以有效的投资促进经济增长情况。

因子 2 命名为"自主创新"(支燕、白雪洁,2012;王斌、谭清美,2015),包括指标:R&D 人员折合全时当量、新产品开发经费支出、研发经费内部支出。主要反映了高技术产业创新资源如人力、资本等要素投入的规模和强度。

因子 3 命名为"技术引进"(支燕、白雪洁,2012;范允奇、李晓钟,2014),包括指标:引进技术经费支出、消化吸收经费支出、购买国内技术经费支出。主要反映了企业外部技术包括国内和国外两种渠道的获取情况，体现了企业外部优质资源的引进、消化、吸收和整合情况。

6.1.2.5 回归分析

本研究中自变量均为连续变量，采用线性回归分析来检验自变量与因变量之间的因果关系，首先代入控制变量，然后代入自变量，具体的分析结果见表6-4。其中，模型1和模型2以高技术市场化为因变量；模型3和模型4以高技术产业化为因变量；模型5和模型6以高技术国际化为因变量。

表6-4 线性回归分析结果

因子	DV：市场化		DV：产业化		DV：国际化	
	模型1	模型2	模型3	模型4	模型5	模型6
企业个数	-0.095	-0.732***	0.109	-0.425**	-0.181*	-0.267
从业人员平均人数	0.930***	0.832***	0.879***	0.816***	1.053***	1.017***
有效发明专利数	0.067	-0.161	-0.090	-0.037	0.022	0.009
固定资产交付使用率	-0.019	-0.014	0.061*	0.053	-0.080	-0.064
投资拉动		0.191**		0.225***		-0.054
自主创新		0.833**		0.443		0.102
技术引进		0.384***		0.255***		0.163**

注：* 表示 $P < 0.10$，** 表示 $P < 0.05$，*** 表示 $P < 0.01$。

模型2显示，投资拉动与高技术市场化的回归系数为0.191（$P < 0.05$），表明投资拉动与高技术市场化正相关，假设1a获得支持；自主创新与高技术市场化的回归系数为0.833（$P < 0.05$），表明自主创新与高技术市场化正相关，假设1b获得支持；技术引进与高技术市场化的回归系数为0.384（$P < 0.01$），表明技术引进与高技术市场化正相关，假设1c获得支持。

模型4显示，投资拉动与高技术产业化的回归系数为0.225（$P < 0.01$），表明投资拉动与高技术产业化正相关，假设2a获得支持；自主创

新与高技术产业化的回归系数为 0.443，但未达到统计学意义上的显著水平，说明自主创新与高技术产业化之间无显著关系，假设 2b 未能获得支持；技术引进与高技术产业化的回归系数为 0.255（P < 0.01），表明技术引进与高技术产业化正相关，假设 2c 获得支持。

模型 6 显示，投资拉动与高技术国际化的回归系数为 - 0.054，但未达到统计学意义上的显著水平，说明投资拉动与高技术国际化之间无显著关系，假设 3a 未能获得支持；自主创新与高技术国际化的回归系数为 0.102，但未达到统计学意义上的显著水平，说明自主创新与高技术国际化之间无显著关系，假设 3b 未能获得支持；技术引进与高技术国际化的回归系数为 0.384（P < 0.01），表明技术引进与高技术国际化正相关，假设 3c 获得支持。

6.1.3　研究小结

6.1.3.1　研究发现

本部分研究以 2009 ~ 2013 年各省区市高技术制造业的数据为样本，对技术来源和高技术产业发展之间的关系进行了实证分析，主要结论归纳如下：投资拉动、自主创新和技术引进都能有效促进高技术市场化；投资拉动和技术引进能够有效推动高技术产业化；我国当前情境下，只有技术引进对高技术国际化的推动作用比较明显。结果说明，无论是创新驱动还是投资拉动，都是我国高技术产业发展的重要动力来源，但是对高技术产业发展不同层面有着不同的影响和作用。

自主创新没有能够表现出对高技术产业化和国际化的积极正向作用，笔者分析认为原因可能在于两方面：第一，自主创新的成本非常高，其回报期限较长，而且收益的风险非常大；自主创新的时滞性使得创新质量及其成果还没有转化为现实生产力，其为促进产业发展带来的经济价值还不明显。第二，我国的自主创新的基础条件虽然有了明显改善，但自主创新的能力和实力整体不算高，自主创新的产品和技术在海外还没有形成品牌影响力，技术的对外依存度较高。投资拉动对高技术国际化的作用不明显，结果意味着未来高技术产业的竞争优势来源于创新驱动并非投资拉动。在全球化竞争日益激烈的今天，我国要从跟跑者、并跑者变成领跑者，必须坚定不移地实施创新驱动发展战略。

6.1.3.2　研究启示

第一，坚持技术引进和自主创新相结合。研究结果显示，在我国现行条件下，技术引进对高技术产业的各个维度都有积极的推动作用。相对而言，技术引进成本较低且收益快速，自主创新的效果短期内难以显现。我国高技术产业的发展应当坚持技术引进和自主创新相结合，走学习—吸收—模仿—内化—再创新的战略路径。我国技术引进政策中，应当着重体现在对于领先技术、核心技术、关键技术的引进；在重视技术引进的同时，更要加强消化吸收，对技术进行二次加工，提升附加含量；积极探索技术引进促动自主创新的有效途径，逐渐由两者并重转向自主创新。

第二，探索创立自主创新的有效机制。结果显示自主创新对高技术制造业发展的贡献是存在的，但是似乎不尽如人意。这说明自主创新并不是简单增加人力投入、资本投入的事情，自主创新绩效作用的表现更具不确定性和复杂性，自主创新建设是一个系统的长期的工程。因此，实施创新驱动高技术产业发展的决策重点在于如何将投入转化为现实经济收益，深入挖掘"创新资源投入—创新能力提升—科技成果开发—成果价值扩散"的路径机制和内在机理。相关部门应当谋划构建系统内各主体协同创新体系建设、创新合作模式、创新成果的评估及激励机制，促进基础研究、应用研究与实验发展等创新活动之间的协调发展，推动技术进步、知识创造与成果转化。

第三，加快由投资拉动向创新驱动的转变。我国高技术制造业发展水平总体而言还处在较低的水平，由有效投资产生的拉动效应比较显著，推动了高技术的市场化和产业化，可以说投资在高技术产业发展中仍然扮演着重要角色；但是，从产业长期发展来看，要想赢得科技制高点，投资拉动作用微乎其微，创新驱动则是顺应经济发展规律的必然选择。因此，对高技术产业的投资应当注重质量，加强有效针对性投入，着力攻破阻碍高技术产业创新发展的软硬件环节，为实施创新驱动发展保驾护航。

6. 2

创新驱动视角下高技术服务业与经济发展的关系

6.2.1 技术创新对中国服务业增长的贡献率分析

6.2.1.1 研究方法

有关技术创新贡献率的研究，研究方法很多。最为常见的是索罗（Solow，1957）余值法。其主要依据是认为劳动力、资本和技术创新是经济增长的三要素，从而通过构造规模报酬不变的柯布—道格拉斯生产函数，用经济总量增长率减去劳动力增长率和资本存量增长率的加权平均数后的余值，来获得技术创新增长率。

其具体计算公式为：

$$G_y = \alpha G_k + \beta G_l + G_r$$

其中，G_y 为经济增长率，G_k 为资本存量增长率，G_l 为劳动力增长率，α 和 β 分别为资本和劳动的产出弹性，G_r 即为技术创新的增长率。

尽管索罗建立的有关经济增长因素的解释有其不可避免的局限性，例如解释框架中关于封闭经济、完全竞争、规模报酬不变等假定不完全符合当前经济发展的现实，但它仍被经常用来分析经济增长中的资本、劳动和技术因素的贡献率，特别是可以测算出技术对经济增长的贡献率。

索罗余值法所依据的柯布—道格拉斯生产函数是美国数学家柯布（C. W. Cobb）和经济学家保罗·道格拉斯（Paul Douglas）共同探讨投入和产出的关系时创造的生产函数，是在生产函数的一般形式上作出的改进，引入了技术资源这一因素，用来预测国家和地区的工业系统或大企业的生产和分析发展生产的途径的一种经济数学模型，简称生产函数，是经济学中使用最广泛的一种生产函数形式，它在数理经济学与经济计量学的研究与应用中都具有重要的地位。

广义的柯布—道格拉斯生产函数表达形式为：$Y = AK^{\alpha}L^{\beta}$ 式中，Y 是经济增加值，A 是综合技术水平，K 是投入的资本，L 是投入的劳动力数。

在应用索罗余值法估算技术创新的贡献率时，关键是要确定资本边际产出弹性系数 α 和劳动边际产出弹性系数 β。为了确定 α 和 β，我们可以通过对柯布—道格拉斯生产函数 $Y = AK^{\alpha}L^{\beta}$ 两边取对数，从而得到 $\ln Y = \ln A + \alpha \cdot \ln K + \beta \cdot \ln L$，由于假定规模报酬不变，即 $\alpha + \beta = 1$，所以 $\ln Y = \ln A + \alpha \cdot \ln K + (1 - \alpha) \cdot \ln L$，进一步方程整理变形为 $\ln(Y/L) = \ln A + \alpha \cdot \ln(K/L)$。从而可以根据相关统计数据，估算出 α 值，进而得到 β 值。

估算出 α 值和 β 值以后，资本、劳动力、技术进步对服务业增长的贡献率就可以通过如下三个公式计算得到：

$$E_k = \frac{\alpha G_k}{G_y} \times 100\%$$

$$E_l = \frac{\beta G_l}{G_y} \times 100\%$$

$$E_r = \frac{G_r}{G_y} \times 100\%$$

6.2.1.2 实证分析

选取 2004～2014 年服务业增加值、服务业固定资产投资、服务业就业人数为原始数据（见表 6 - 5）。

表6-5   2004~2014年服务业增加值、固定资产投资、就业人数原始数据

年份	服务业增加值 （亿元）	固定资产投资 （亿元）	就业人数 （万人）
2004	66 282.8	35 548.2	22 725
2005	76 964.9	42 660.5	23 439
2006	91 180.1	52 705.6	24 143
2007	115 090.9	65 190.3	24 404
2008	135 906.9	81 587.9	25 087
2009	153 625.1	108 572.6	25 857
2010	180 743.4	136 491.8	26 332
2011	214 579.9	163 364.7	27 282
2012	243 030.0	198 021.8	27 690
2013	275 887.0	238 951.8	29 636
2014	306 038.2	278 397.0	31 364

由表6-5的数据，可以对方程 $\ln Y = \ln A + \alpha \cdot \ln K + (1 - \alpha) \cdot \ln L$ 进行回归分析，分析软件为 SPSS17.0。回归结果如下：$\ln(Y/L) = 0.821 + 0.675 \cdot \ln(K/L)(29.294)$

$$R^2 = 0.990 \quad F = 858.159$$

回归方程的 $R^2 = 0.990$，且 α 的估计值在 1% 置信度水平下能够通过 t 检验，方程能够通过 F 检验，表明回归结果可以用于经济分析。

由于假定规模报酬不变，即 $\alpha + \beta = 1$，由此可以推出 $\beta = 0.325$。根据 $G_y = \alpha G_k + \beta G_l + G_r$，经计算可以得到 2005~2014 年我国服务业增加值、资本、劳动力和科技进步的增长率，具体结果见表6-6。

根据资本、劳动力、技术进步对服务业增长的贡献率的计算公式，可以计算得到我国服务业 2005~2014 年资本、劳动力和技术进步的贡献率（见表6-7）。

表 6 - 6   2005 ~ 2014 年我国服务业增加值、资本、
劳动力和技术进步增长率   单位: %

年份	服务业增长率	资本增长率	劳动力增长率	技术进步增长率
2005	16. 12	20. 01	3. 14	1. 59
2006	18. 47	23. 55	3. 00	1. 60
2007	26. 22	23. 69	1. 08	9. 88
2008	18. 09	25. 15	2. 80	0. 20
2009	13. 04	33. 07	3. 07	− 10. 29
2010	17. 65	25. 71	1. 84	− 0. 30
2011	18. 72	19. 69	3. 61	4. 26
2012	13. 26	21. 21	1. 50	− 1. 55
2013	13. 52	20. 67	7. 03	− 2. 72
2014	10. 93	16. 51	5. 83	− 2. 11

表 6 - 7   2005 ~ 2014 年我国服务业增加值、资本、
劳动力和技术进步贡献率   单位: %

年份	资本贡献率	劳动力贡献率	技术进步贡献率
2005	83. 80	6. 34	9. 86
2006	86. 05	5. 29	8. 66
2007	60. 97	1. 34	37. 69
2008	93. 87	5. 03	1. 10
2009	171. 24	7. 65	− 78. 90
2010	98. 33	3. 38	− 1. 71
2011	70. 99	6. 26	22. 75
2012	108. 00	3. 67	− 11. 67
2013	103. 20	16. 89	− 20. 09
2014	101. 96	17. 34	− 19. 30

表 6 - 7 的数据表明, 技术进步并没有对服务业增长有明显的贡献, 2005 ~ 2014 年的平均贡献率为 − 5. 16% 。其中, 2005 ~ 2008 年技术进步的

贡献率为正值，2009～2014年则仅有2011年技术进步的贡献率为正值，其余年份均为负值。同时，通过表6－7的数据还可以看出，服务业过去10年的增长主要得益于资本的拉动。我国服务业的这种增长特点，主要是长期粗放型经济增长模式所决定的。粗放型增长不仅是过去很长一段时间里工业经济增长的显著特征，它也在服务经济的发展过程中打下了深深的烙印，使得很多传统服务行业的收入增长习惯于简单地靠投资拉动、靠增加资本投入和人力投入来获得，而缺乏对其实施必要的现代化改造的动力，以创新驱动发展的作用很微弱。

6.2.1.3 研究发现

改革开放以来，我国的服务业格局很长时间内是在一种没有自觉的竞争政策的指导下形成的。我国的服务业和制造业似乎是在各行其道。大量的诸如财会、设计、市场调研、销售等本该由外在化、市场化的服务业去解决的任务，不得不由企业自身解决，几乎不同规模的生产企业都有着大而全、小而全的自我服务体系。正是在这样一种没有自觉的竞争政策的指导下形成的服务业格局，使得我国服务业的结构调整已经逐步滞后于经济发展的需要，并正在成为制约中国经济进一步增长的瓶颈。

随着近年来越来越严重的产能过剩，过去过分依赖投资拉动的粗放型经济增长模式已经难以为继，以去产能、去库存、去杠杆、降成本、补短板为重点的供给侧结构性改革，正在成为我国经济结构性改革的突破点。在这场深刻的结构性变革过程中，服务业的结构升级和适应性创新是决定改革成败的关键因素。

本部分研究结果表明，2005～2014年以来，服务业总量虽然获得大幅增长，但结构性问题并没有得到有效解决，技术进步并没有对服务业增长有明显的贡献，服务业的增长主要得益于投资的大幅增加，其次是服务业就业人口的增加。本章的研究结果对我国服务业产业政策导向带来的启示主要在于以下方面。

第一，当前中国服务业对经济最显著的贡献在于对就业的拉动，服务业的快速发展吸收了大量新增就业，有效缓解了制造业结构调整和供给侧改革所带来的就业难题。

第二，鉴于制造业和服务业之间日益融合，传统制造业在转型升级过程中不断衍生出对服务业的需求，服务业的新业态、新模式近年来在不断涌现。未来产业结构调整过程中，先进制造业必然对服务业，特别是知识密集型的生产性服务业产生巨大需求。因此，提高服务业的知识密集度和技术创新能力是服务业适应未来制造业升级的必然要求，大力发展高技术服务业迫在眉睫。

第三，技术进步并没有对服务业增长有明显的贡献，服务业的增长主要得益于投资的大幅增加。考虑到服务业的结构调整已经逐步滞后于经济发展的需要，必须大力发展现代服务业和生产性服务业，更加注重服务产品创新、技术创新、业态创新、模式创新和市场创新的引导和培育，最大限度地保护现代服务业和生产性服务业自由创新，最大限度地保障现代服务业和生产性服务业创新成长空间。

第四，随着供给侧改革和产业结构调整的不断深入，未来一段时间内中国的就业问题仍然十分突出。鉴于中国人口众多、农村人口比重大、低技能劳动力长期供大于求的基本国情，出于就业问题的考虑，传统服务业的发展仍然应该得到充分重视。但传统服务业在扩大服务供给的同时，也应该不断提高服务质量，借助互联网等新技术，引导服务需求，不断丰富健康、家庭、养老等服务产品供给。大力发展新业态，不断提高网络购物、远程教育、旅游等服务层次水平。积极培育新热点，从而提高技术进步对服务业增长的贡献。

6.2.2　高技术服务业对区域创新能力的影响

6.2.2.1　影响因素

通过梳理相关研究文献，本书发现高技术服务业对区域创新的影响因素主要表现在两个维度：产业规模和服务水平。

新古典经济学认为，产业规模较大的地区区域生产效率更高，产业规模的扩大有利于产生规模经济和正外部效应，能够一定程度的减少交易成本，提高资源利用效率。高技术服务业产业规模的扩张有助于产生产业集群，提高高技术服务业与其他关联产业的互动水平，共同促进产出提升和效率提高，促进知识和技术的深度创新，并因此提高整个区域的创新能力。此外高技术服务业还是科技创新需求方和供给方联系的桥梁，科技创新的供需者包括高校、科研院所、企业和政府等，高技术服务业规模的扩大有助于加强产学研三者之间的联系，助推科技资源的转移和科技成果转化。高技术服务业产业规模的扩大还有助于加大科技服务机构之间的竞争力，刺激科技服务机构提升自身服务水平，寻求新的发展模式，为需求企业提供高质量服务，从而对区域创新能力发挥良性促进作用。

高技术服务业的服务水平包括科技服务机构能够提供的优质创新资源数量以及对知识、技术进行利用和转化的能力。高技术服务业服务水平高低体现在人力资本密集程度、知识的密集程度、服务的专业化程度和服务创新能力等方面。高技术服务业具有高智力、高技术性的特点，其从业人员是具备专业化知识、高素质的科技型人才。高素质创新人才的聚集、知识的外部溢出效应，将显著提高区域智力资本和创新资本数量。高技术服务产业服务水平的提升有利于提高创新资源的利用效率，优化创新资源合理配置，减少企业不必要的研发成本支出。因此，高技术服务业服务水平的提升将对区域创新能力有促进作用。

6.2.2.2　实证分析

本部分研究选取信息传输、计算机服务和软件业的数据进行实证分析。建立回归模型，区域创新能力是被解释变量，采用国内专利申请授权数来衡量。产业规模和服务水平是解释变量。本书采用软件业务收入来衡量产业规模。在衡量高技术服务业服务水平方面，本书将采用高技术服务业就业人数表示服务水平，因为服务业行业无论接触程度高低，其服务关键依靠人力资源，高技术服务业属于专业性服务，是基于高技术服务业从业人员依靠信息和知识向其他机构或企业进行知识转移服务，科技服务从业人员数越多则说明能够为其他机构或企业提供更多的智力服务，从而能够较好衡量高技术服务业服务水平。具体指标采用信息传输、计算机服务和软件业城镇个体就业人员数来衡量。原始数据来自《第三产业统计年鉴》。实证分析结果如表 6 - 8 所示。

表 6 - 8　　　　　　　高技术服务业对区域创新能力的影响实证结果

	未标准化系数		标准化系数		显著性
	B	标准化错误	Beta	t	
常量	8 118.433	5 562.102		1.460	0.150
产业规模	0.003	0.000	0.783	11.597	0.000
服务水平	1 326.436	416.974	0.215	3.181	0.002

从表 6 - 8 的实证结果可以看出，两个解释变量高技术服务业产业规模和服务水平的 P 值显示为近似于 0，在 1% 水平下显著，表明高技术服务业对区域创新能力有显著正向促进作用。作为知识密集型的新兴产业，高技术服务业主要通过知识、经验、技术、方法、信息等要素的积累以及水平提升向社会提供智力服务，其最终价值体现为对社会知识创造、产品创新以及商业价值获取的促进。重视并大力推进高技术服务业的发展，利于区域创新能力的提升，深入贯彻落实创新驱动发展战略。

6.2.3　技术进步对河北省高技术服务业的贡献率分析

6.2.3.1　实证分析

根据《国民经济行业分类》中第三产业的统计门类，并考虑到数据的可获得性，本部分所研究的高技术服务业主要包括信息传输、计算机服务和软件业，金融业，租赁和商务服务业，科学研究、技术服务和地质勘查业这四个行业。数据选取了 2004~2014 年上述行业增加值、固定资产投资和就业人数为原始数据，数据来源为 2005~2015 年的《中国统计年鉴》和《河北经济年鉴》，具体见表 6-9。

表 6-9 2004~2014 年河北省高技术服务业增加值、固定资产投资、就业人数原始数据

年份	增加值（亿元）	固定资产投资（亿元）	就业人数（万人）
2004	289.5	141.0	66.75
2005	343.9	152.6	73.32
2006	439.6	186.8	78.90
2007	542.5	172.5	84.56
2008	643.7	202.6	85.26
2009	782.1	219.1	87.70
2010	904.3	224.7	91.92
2011	1 092.5	255.9	97.46
2012	1 397.6	434.5	104.09
2013	1 751.9	646.6	120.64
2014	2 050.9	687.4	124.23

由表 6-9 的数据，可以对方程 $\ln Y = \ln A + \alpha \cdot \ln K + (1-\alpha) \cdot \ln L$ 进行回归分析，采用 SPSS 统计软件进行分析。回归结果如下：$\ln(Y/L) = 1.034 + 0.965 \cdot \ln(K/L)$ (5.114)

$$R^2 = 0.716 \quad F = 26.156$$

回归方程的 $R^2 = 0.716$，说明方程拟合优度一般，但 α 的估计值在 1% 置信度水平下能够通过 t 检验，且方程能够通过 F 检验，表明回归结果可以用于经济分析。

由于假定规模报酬不变，即 $\alpha + \beta = 1$，由此可以推出 $\beta = 0.035$。根据 $G_y = \alpha G_k + \beta G_l + G_r$，经计算可以得到 2005~2014 年河北省高技术服务业增加值、资本、劳动力和科技进步的增长率，具体结果见表 6-10。

表 6 - 10　　　　　　　2005 ~ 2014 年河北省高技术服务业增加值、

资本、劳动力和技术进步增长率　　　　单位：%

年份	服务业增长率	资本增长率	劳动力增长率	技术进步增长率
2005	18.79	8.23	9.84	10.50
2006	27.83	22.41	7.61	5.94
2007	23.41	-7.66	7.17	30.55
2008	18.65	17.45	0.83	1.78
2009	21.50	8.14	2.86	13.54
2010	15.62	2.56	4.81	12.98
2011	20.81	13.89	6.03	7.20
2012	27.93	69.79	6.80	-39.66
2013	25.35	48.81	15.90	-22.31
2014	17.07	6.31	2.98	10.88

根据资本、劳动力、技术进步对服务业增长的贡献率的计算公式，可以计算得到我国服务业 2005 ~ 2014 年资本、劳动力和技术进步的贡献率（见表 6 - 11）。

表 6 - 11　　　　　　　2005 ~ 2014 年河北省高技术服务业增加值、

资本、劳动力和技术进步贡献率　　　　单位：%

年份	资本贡献率	劳动力贡献率	技术进步贡献率
2005	42.27	1.83	55.90
2006	77.71	0.96	21.34
2007	-31.58	1.07	130.50
2008	90.29	0.16	9.55
2009	36.54	0.47	63.00
2010	15.82	1.08	83.11
2011	64.41	1.01	34.58
2012	241.13	0.85	-141.98
2013	185.81	2.20	-88.00
2014	35.67	0.61	63.72

表 6 – 11 的数据表明，除去 2012 年和 2013 年数据表现异常以外，2005 ~ 2014 年技术进步对河北省高技术服务业增长有明显的贡献，2005 ~ 2014 年技术进步的平均贡献率为 23.17%。其中，2007 年技术进步的贡献率最高，达到 130.50%。

表 6 – 11 的数据还表明，作为高技术服务业，其主要增长动力本应来源于技术进步，但河北省高技术服务业过去 10 年的增长很大程度上还是得益于投资的拉动，2005 ~ 2014 年资本对河北省高技术服务业增长的平均贡献率达到 75.81%，是技术进步平均贡献率的 3 倍还多。河北省高技术服务业的这种增长特点，主要是长期粗放型经济增长模式所决定的。粗放型增长不仅是过去很长一段时间里河北省制造业增长的显著特征，它也在河北省服务业的发展过程中打下了深深的烙印，使得本应由知识和技术来推动的高技术服务业，却高度依赖资本推动。

最后，通过表 6 – 11 的数据还可以看出，2005 ~ 2014 年劳动力投入对河北省高技术服务业的贡献非常微弱，其 10 年间的平均贡献率仅为 1.02%，这与高技术服务业的产业特点不无关系，因为高技术服务业明显有别于传统服务业，其主要的支持因素应该是智力、知识、技术等生产要素，而非简单地靠增加人力投入来获得增长。

6.2.3.2 结论及启示

随着近年来越来越严重的产能过剩，过去过分依赖投资拉动的粗放型经济增长模式已经难以为继，以去产能、去库存、去杠杆、降成本、补短板为重点的供给侧结构性改革，正在成为河北省经济结构性改革的突破点。在这场深刻的结构性变革过程中，服务业的结构升级和适应性创新是决定改革成败的关键因素。

本部分研究表明，2005 ~ 2014 年以来，河北省服务业总量虽然获得大幅增长，但结构性问题和动力机制问题并没有得到根本解决，技术进步对高技术服务业的贡献远弱于资本的贡献，高技术服务业的增长很大程度上还是得益于投资的大幅增加。笔者的研究结果对河北省高技术服务业产业政策导向带来的启示主要在于，加快以创新驱动发展高技术服务业势在必行。强化以技术创新和关键项目带动，升级改造传统服务业，引进、培育一批业态高端、产业集聚、关联带动能力强的重大项目，壮大品牌项目集群，加大政策创新、机制创新和模式创新力度，推动形成新兴业态引领的高技术服务业发展格局。

第7章

高技术企业创新驱动发展
典型案例研究

　　关于创新驱动的影响因素，目前研究认为主要包括技术创新驱动、市场需求驱动、政策法规驱动以及企业家精神驱动等，本章将从市场驱动、政策驱动、企业创新投入、企业家精神四个方面展开分析。市场驱动因素指创新驱动发展来源于市场需求，需求是企业创新和发展最直接的动力来源，在我国深入实施创新驱动发展战略的大背景下，促进高技术企业快速发展对我国迎接创新转型新时代具有重要意义。高技术企业的创新驱动发展，是应对新一轮科技革命的艰巨任务，然而其成长过程中面临很大的不确定性，单靠企业自身力量难以做到，政策的支持和引导则发挥着关键性作用。企业创新投入是实现创新驱动发展的最根本的前提条件，企业在创新投入方面既包括人力、技术等物质资源的投入，又包括品牌形象、创新文化建设等无形资源的投入。创新效率是投入产出的有效性，是高技术企业创新驱动发展的本质要求和根本属性。四种因素共同作用驱动高技术企业创新质量的提升。

　　本章选取了三家不同行业的高技术企业，分别来自医药制造业、软件和信息服务业、高技术类农业产业，通过典型案例研究，进一步阐释高技术企业创新发展的驱动要素，探索其路径提升机制。

7.1

以岭药业创新驱动发展的案例研究

7.1.1　企业简介

石家庄以岭药业股份有限公司（以下简称"以岭药业"），成立于 2001 年 8 月 28 日，公司股票于 2011 年 7 月 28 日在深圳证券交易所挂牌交易（股票代码 002603）。公司位于河北省石家庄市高新技术产业开发区天山大街 238 号，注册资本约为人民币 11.29 亿元。

以岭药业所处行业为医药制造业，其主要产品包括通心络胶囊、参松养心胶囊、连花清瘟胶囊、芪苈强心胶囊等。公司主要业务为医药产品的生产和研发，具体的经营范围包括：硬胶囊剂、片剂、颗粒剂、合剂、小容量注射剂的生产；保健食品的生产；饮料（固体饮料类、其他饮料类）的生产；方便食品的生产；中药提取物的生产；自营和代理各类商品和技术的进出口，但国家限定公司经营和禁止进出口的商品和技术除外；自有房屋租赁；农产品收购（不含粮食）；糖果制品的生产；中成药、医药保健品、传统医疗器械、西药、生物制品、卫生辅料的研究、开发；技术咨询、服务、转让。依法须经批准的项目，经相关部门批准后方可开展经营活动。

7.1.2　创新驱动要素分析

1. 市场驱动

市场的需求是企业最直接的创新动力。医药行业关系国计民生，药品消费与国民经济发展水平、人民生活质量存在较强的相关性。医药的市场需求是一种刚性需求，我国人口众多，在老龄化进程加快、环境恶化及人们生活方式改变的背景下，人类疾病谱从传染性疾病逐渐过渡到慢性疾病。随着国民收入水平的不断提升和对全民健康的日益关注，市场对医药产品和保健产品的需求也不断提高，未来市场规模将进一步增长，预计到 2019 年，我国医药市场规模有望超过 2.2 万亿元。

受我国国情的因素影响以及创新药的研制投资力度大、回收周期长同时也会存在着较高的风险等各种因素的影响，我国国内大多数的医药企业还是将重点集中在了仿制药上，医药产品的质量与国际先进水平仍存在差距，医药企业间的市场竞争也将更加剧烈。

满足公众用药急需，归根到底要靠创新，只有创新才能研发出更多的质量高、疗效优的新药好药，才能使更多的新药好药在中国上市。因此，在巨大的市场机遇和赢取竞争优势面前，企业只有通过创新活动，创新药物新品种，满足市场需求，获得企业不断成长和发展。

2. 政策驱动

高技术企业创新受政策驱动影响，既包括政策的引导和扶持，也包括政策法规之下的规范和监管。以岭药业属于医药行业，医药行业是我国国民经济的重要组成部分，对于保护和增进民众健康、提高生活质量、促进经济发展和社会进步均具有十分重要的作用。政府对医药企业的创新活动的投资和支持力度都比较大。我国医药制造业高技术新产品开发经费 2014 年 407.93 亿元，2015 年增长为 427.95 亿元，2016 年继续增长达到 497.88 亿元，研发创新的政策支持和投资促进了医药企业的技术创新。

2017 年国家医药政策频出。随着新医改政策的不断推进，两票制、药品零加成、医保控费、深化审评审批制度、一致性评价等政策的落地和推行，医药行业供给侧改革进一步深化。在这样的政策背景下，公司不断加强科研投入，通过短期、中期及长期的研发投入，布局公司未来研发创新驱动力，进一步丰富公司产品线，扩展公司药品的治疗领域，带来经济效益，增强企业竞争力。

医药行业是河北省的支柱行业。2016 年 6 月河北省人民政府办公厅发布《关于促进我省医药产业健康发展的实施意见》，提出医药企业要将增强生物医药核心竞争力、推动化学药物技术创新、推进中药现代化等作为发展的重点任务，从而提升企业创新能力。河北省着力构建医药产业的创新支撑体系，从金融、人才、技术、税收等多方面支持和营造良好的创新环境，推动企业创新高质量发展。

3. 企业家精神驱动

以岭药业的创始人吴以岭先生，1949 年 10 月出生于河北故城一个中医世家，父亲是当地小有名气的"赤脚医生"，吴以岭与生俱来的对中草药的兴趣就是得益于父亲的遗传。吴以岭非常勤奋，从小就能背方子、辨草药，识字之后熟读了《黄帝内经》《伤寒杂病论》《金匮要略》《陈修园医书四十八种》等 50 多本中医经典典籍，上大学之前，他又自学西医基础理论，还经常穿山越岭，到周围十多个村的卫生所拜师学艺。1977 年恢复高考，吴以岭一举考上河北医科大学中医系，得到了进一步的学习和深造。他的创业起步于 1992 年 6 月 16 日的以岭医药所，在随后二十多年中企业越做越大，越做越强，但他仍潜心于中医络病学研究。以吴以岭为首席科学家的科研团队，在基于近三千年络病防治临床实践的基础上，创造性地提出了络病理论研究的"三维立体网络系统"，首次提出"脉络—血管系统病变"概念。吴以岭一直强调他构建络病理论，坚持学术创新，不仅是为了填补中医学说的某项空白，更是为了解决临床治疗难题。吴以岭团队不断将理论创新的药方应用到临床中，并将检验后的有效处方转化成新药，再将新药进行产业化，造福更多患者。吴以岭身上体现出企业家勤奋坚持、创新变革的精神。

吴以岭是中医药创新的践行者，无论作为院士还是企业家，他都是成功的。吴以岭现在是河北省中西医结合医药研究院院长、河北医科大学教授、博士生导师、中国工程院院士、中医络病学学科创立者和学科带头人、中医心血管病专家，担任中国中西医结合学会副会长、中华中医药学会副会长、中华中医药学会络病分会主任委员、全国政协委员、以岭药业公司董事长。在众多头衔中，他认为自己首先是一名医生，他带领他的团队不忘初心，倾力推进健康产业，不断为中医药的振兴发展做贡献。

4. 企业创新投入

以岭药业不断推进技术创新，重视创新投入。从专业研究人员数量来看，以岭药业 2011 年研发及技术人员数量为 340 人，占员工总数的 8.84%。2012～2016 年研发人员数量分别为：461 人、518 人、543 人、616 人、667 人；2012～2016 年研发人员占员工总数的比例分别为：10.61%、11.57%、11.72%、13.13%、13.40%。以岭药业 2011～2016 年研发人员情况见图 7－1。

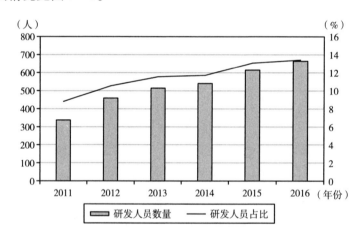

图 7－1 以岭药业 2011～2016 年研发人员情况

以岭药业通过研发和技术的自主创新使公司保持良好的持续发展能力，进而提高了公司的核心竞争力，因此公司加大了对研发创新经费的投入，历年来研发投入金额占营业收入的比例超过 4%，在同行业属于较高水平。以岭药业年度报告中披露了公司的研发投入情况，其中 2014 年研发投入金额为 899.15 万元，2015 年为 1 154.17 万元，2016 年为 1 550.31 万元，呈稳健增长态势，为公司创新驱动发展奠定了良好的基础。以岭药业 2009～2016 年研发经费投入情况见表 7－1。

表 7 – 1　　　　　　　　以岭药业 2009～2016 年研发经费投入情况

年份	研发支出（万元）	同期增减比例（％）	研发支出占营业总收入的比例（％）
2009	6 891.20		4.22
2010	6 725.46	– 2.41	4.08
2011	8 217.43	22.18	4.21
2012	11 105.12	35.14	6.74
2013	15 639.10	40.83	6.28
2014	16 832.00	7.63	5.76
2015	21 759.00	29.27	6.83
2016	23 971.16	10.17	6.27

7.1.3　创新成效

1. 创新产出

公司为国家创新型企业，先后承担和完成了"973"计划、"863"计划、国家自然科学基金、国家"十五"攻关、"十一五"支撑等三十余项国家、省部级科研项目，荣获五项国家大奖、何梁何利基金奖及一批省部级奖励。截至 2016 年 12 月 31 日，公司已累计获得专利 320 项，其中发明专利 230 项，实用新型专利 1 项，外观设计专利 89 项。同时，公司也是中国医药工业百强企业、中国医药上市公司 50 强企业。二十多年来，公司凭借强大的科技核心竞争力，成为 2015 年中国中药行业科技创新型企业 10 强、中国中药行业科技创新效益 10 强以及中国中药行业科技创新投入 10 强，走出了一条现代科技中药产业化创新之路。

中医络病理论学术创新赋予公司科技中药以良好疗效和学术内涵，成为公司差异化竞争的核心要素，促使公司的专利产品快速进入市场并取得成功。从市场占有率情况来看，在中成药处方药领域，公司产品的市场占有率由 2013 年的 0.82% 上升至 2015 年的 1.17%，2016 年上半年，公司市场占有率为整体市场的 1.44%。通心络胶囊、参松养心胶囊和芪苈强心胶囊在心脑血管口服中成药领域的市场占有率由 2013 年的 1.51%，上升至 2016 年上半年的 2.47%。根据艾美仕市场研究公司所提供的《IMS 中国零售药店统计报告》数据库数据，连花清瘟胶囊在 2016 年中国零售药店感冒或流感用药（中药类）市场占有率排名第 3 位（2015 年排名第 3 位，2014 年排名第 4 位）。

2. 企业财务绩效

以岭药业始终坚持以科技为先导，以市场为龙头的科技创新发展战略，创立"理论—科研—新药—生产—营销"五位一体的独特运营模式，建立起以中医络病理论创新为指导的新药研发创新技术体系。在创新驱动战略下，以岭药业取得了良好的经济效益。

笔者通过查阅以岭药业的年度报告整理了 2009 年以来的以岭药业财务绩效数据，主要选取了三个考察指标：营业收入、总资产和净利润。2009~2016 年以岭药业的营业收入分别为 163 233.10 万元、164 932.01 万元、195 321.14 万元、164 867.63 万元、249 016.15 万元、292 115.73 万元、318 475.24 万元、382 015.87 万元；2009~2016 年以岭药业总资产分别为 150 944.05 万元、177 111.13 万元、422 541.73 万元、416 572.20 万元、465 803.372 万元、508 791.14 万元、570 695.87 万元、625 045.24 万元；2009~2016 年以岭药业净利润数值依次为 29 718.28 万元、31 555.91 万元、45 407.11 万元、18 580.64 万元、24 429.15 万元、35 449.52 万元、43 049.10 万元、54 202.32 万元。以岭药业 2009~2016 年财务绩效情况详见表 7-2。

表 7-2 以岭药业 2009~2016 年财务绩效情况

年份	营业收入（万元）	增长率（%）	总资产（万元）	增长率（%）	净利润（万元）	增长率（%）
2009	163 233.10		150 944.05		29 718.28	
2010	164 932.01	1.04	177 111.13	17.34	31 555.91	6.18
2011	195 321.14	18.43	422 541.73	138.57	45 407.11	43.89

续表

年份	营业收入（万元）	增长率（%）	总资产（万元）	增长率（%）	净利润（万元）	增长率（%）
2012	164 867.63	-15.59	416 572.20	1.41	18 580.64	-59.08
2013	249 016.15	51.04	465 803.372	11.82	24 429.15	31.48
2014	292 115.73	17.31	508 791.14	9.23	35 449.52	45.11
2015	318 475.24	9.02	570 695.87	12.17	43 049.10	21.44
2016	382 015.87	19.95	625 045.24	9.52	54 202.32	25.91

　　从经济效益增长情况来看，营业收入方面，2010 年较同期增长 1.04%，2011~2016 年的年增长率依次为：18.43%、-15.59%、51.04%、17.31%、9.02%、19.95%，从图 7-2 中可以清晰地看出以岭药业营业收入及其增长率的情况。总资产方面，2010 年较同期增长 17.34%，2011~2016 年的年增长率依次为：138.57%、1.41%、11.82%、9.23%、12.17%、9.52%，总资产实现了连年增长，其中 2011 年增幅最为明显，图 7-3 反映了以岭药业总资产及其增长率的情况。净利润方面，2010 年较同期增长 6.18%，2011~2016 年的年增长率依次为：43.89%、-59.08%、31.48%、45.11%、21.44%、25.91%，从图 7-4 中可以清晰地看出以岭药业净利润及其增长率的情况。

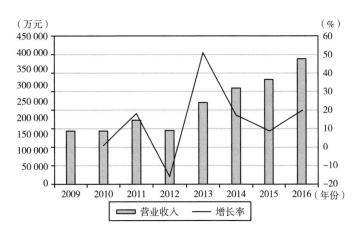

图 7-2　以岭药业 2009~2016 年营业收入及其增长率的情况

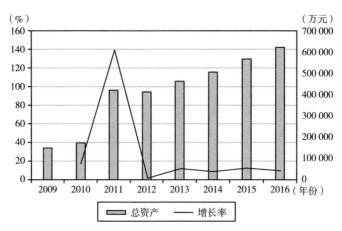

图 7 - 3　以岭药业 2009～2016 年总资产及其增长率的情况

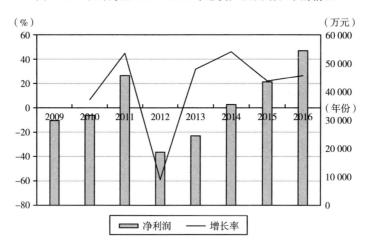

图 7 - 4　以岭药业 2009～2016 年净利润及其增长率的情况

3. 企业国际化发展

以岭药业创新驱动发展，中药、化生药、健康产业三大板块齐头并进，携手开启国际化之路。

在中药国际化方面，公司积极推动中医药走向国际，多个具有自主知识产权的中药已经进入国际市场，成为中医药产业化国际化的先行者。目前，通心络胶囊、连花清瘟胶囊、参松养心胶囊、芪苈强心胶囊、养正消积胶囊等品种已经在韩国、越南、俄罗斯、加拿大、新加坡、印度尼西亚等多个国家注册并销售，通心络胶囊进入越南国家医保目录。在"一带一路"背景下，中医药大有可为，以岭药业国际市场前景广阔。

化药板块是公司的新兴业务板块。公司从 2009 年起布局国际制药产业，规划了"起步化药制剂出口—海外加工 & 非专利药注册—专利药的国际化市场销售"的三步走战略。经过多年的建设，化药板块已制定了"转移加工—国际注册—专利新药"三步走的发展战略，成立了万洲国际制药子公司整合化药板块业务，汇聚了众多高端国际化制药人才，国际化的生产、质量、营销、管理队伍已基本建立，国际销售网络已经铺设完成。通过专利药、非专利药的国际注册，产品已经出口到美国、英国、加拿大、俄罗斯等二十多个国家，国际制药业务得到快速发展。

以岭健康城科技有限公司与以色列 Health Watch 公司合作，设立合资公司通心络科（河北）科技有限公司。智能化医疗级心电图设备是公司投资的以色列专利产品，是目前国际上第一个获得美国 FDA 和欧盟 CE 认证的 12 导联医疗级智能化心电图可穿戴设备，可向经治医生手机及网上数据中心无线发射心电图数据，对心脏病患者及时救治具有重要意义，通心络科在大中华地区享有独家代理生产销售医疗设备权限。这一国际间的"强强联手"，将有利于公司丰富心血管病诊疗产品，增强核心竞争力，更好地服务心血管病患者，标志着公司走进以移动化、互联和智能化为特点的"智慧医疗"新时代。

7.1.4　小结

医药行业是我国"十二五"规划中确定的朝阳型战略性新兴产业，也是《中国制造 2025》的重点发展领域，在国家对医药行业的空前重视下，医药行业的行业地位不断提升。另外，经过多年的高速发展，我国医药行业整体增长速度趋缓，在政策环境趋严和市场竞争加剧的趋势下，医药企业的增长压力越来越大，收购兼并是有效进行资源整合的重要方式之一。同时，医药行业是全世界公认的国际化产业之一，是世界各国重点发展的行业。因此，国内医药企业可持续发展的核心在于创新驱动。以岭药业以技术创新驱动发展的经验更加验证了这一道理。以岭药业坚持以科技创新促进企业快速发展，建立了以中医络病理论创新为指导的新药研发技术体系，具备复方中药、组分中药、单体中药各类中药新药研发和化药仿创药研发能力，技术成果在国内同行业中处于领先地位。

以岭药业创新驱动发展取得了一定的经验，值得借鉴。在未来的发展中，笔者提出三点建议：第一，继续加大研发投入，美国和英国的同行业企业研发投入已超过 20%；第二，进一步完善创新体系，满足市场需求，把握发展机遇；第三，拓展国际市场，"一带一路"背景下，坚持"引进来、走出去"发展中药保健品。

7.2
启奥科技创新驱动发展的案例研究

7.2.1　企业简介

唐山启奥科技股份有限公司（以下简称"启奥科技"）前身为唐山市现代工程技术有限公司，成立于 1999 年 9 月；2010 年 3 月，公司更名为唐山启奥科技有限公司；2014 年 4 月，根据出资人关于公司整体变更的股东会决议、发起人协议以及股份公司章程（草案）的规定，公司由有限公司依法整体变更发起设立为股份有限公司。公司位于唐山市高新区庆北道 39 号，到 2016 年底注册资本增加至 8 474.00 万元。

公司于 2014 年 11 月 7 日在全国中小企业股份转让系统挂牌（证券代码：831287），属于创新层企业。行业分类属于软件与信息服务业，主要产品与服务项目是血液管理、健康管理、信息服务。具体的经营范围为计算机软硬件、外围设备研制、开发；系统集成，自动化设备及系统工程研制、开发安装，技术服务；办公设备、通信设备、工业设备、仪器仪表批发、零售；自营和代理各类商品和技术的进出口，但国家限定公司经营或禁止进出口的商品和技术除外（限备案后经营）；大型活动组织服务；国内会议及展览展示服务；设计、制作、代理、发布国内广告（依法须经批准的项目，经相关部门批准后方可开展经营活动）。

7.2.2　创新驱动要素分析

1. 市场驱动

随着深化医药卫生体制改革的持续推进，各地医疗服务能力不断增强，医疗保障水平不断提升，临床用血需求逐年上升。为满足临床用血需求，保障血液安全，维护人民群众健康权益，提升血液管理的信息化水平非常迫切。血液管理信息化建设是人口与健康信息化建设的重要组成部分，大力推进覆盖采供血和临床用血全过程的血液管理信息化建设，建立省（区、市）统一的血液管理信息系统，实现区域内血站、医疗机构、献血者信息资料联网，实现血液管理与服务的精细化、标准化、规范化和专业化，对保障血液质量与临床用血安全，保障人民群众身体健康有着十分重要的意义。血液不同于一般的产品，采供血流程不同于一般产品生产流程，不是一批投料产出一批产品，而是采自每个献血者。每袋血液各不相同，都需要严格控制、跟踪、记录，每袋血液都要受到信息系统的控制，每袋血的质量高度依赖于信息系统，因而血液信息系统是高度专业、非常关键的信息管理系统，其安全性、稳定性和可靠性有超高的要求。血液管理信息代产品及服务的主要用户群体包括：各级血站、临床用血医疗机构、各级卫生行政主管部门等。考虑到血液管理信息化方面各级部门投入的不断增加，软件系统持续更新换代的需求等因素，对于启奥科技这样的血液管理信息化企业有着良好的市场发展前景。

由于各国血液管理体制、机构设置和用户情况存在较大差异，国际血液管理信息系统提供商很难进入中国市场。目前国内市场主要由少数本土企业参与竞争。同时，经过多年发展，该领域已形成了较高的进入壁垒，包括行业经验、品牌、核心技术、专业人才等，即便其他规模较大的软件企业短期内也很难进入并参与竞争。这一领域国内对启奥科技具有一定竞争威胁的企业包括：贵州精英天成科技股份有限公司、广东穿越医疗科技有限公司、广东迈科医学科技有限公司、烟台海默软件科技有限公司、深圳市朗程网络有限公司等。总体来看，本行业总体竞争程度不高，启奥科技因其科技创新的能力具有领先的竞争优势。

2. 政策驱动

软件和信息技术服务业属于我国政府大力扶持和鼓励发展的行业。2013 年，卫生部颁布《血站设置规划指导原则》要求推进血站信息化建设。国家卫生计生委《关于进一步加强血液管理工作的意见》要求加强血液管理信息化建设，大力推进覆盖采供血和临床用血全过程的血液信息化建设，建立国家统筹指导、省（区、市）统一的血液管理信息系统，实现区域内血站、医疗机构、献血者信息资料联网，不断提高工作效率，实现血液管理与服务的精细化、标准化、规范化和专业化。人口健康信息化和健康医疗大数据是国家信息化建设及战略资源的重要内容，国家卫生计生委制定了《"十三五"全国人口健康信息化发展规划》提出进一步发挥信息技术对健康医疗事业的关键作用，深化医药卫生体制改革、建设健康中国。

我国血液管理工作涉及各级卫生行政管理部门、各级血站、临床用血医疗机构等机构以及广大献血者和志愿者、输血者等个人，我国血液管理工作基本形成了以全国各级血站为核心和纽带，辐射上述相关各方组成的网络体系，涉及面广、信息量大、专业性强。要达到国家对血液管理工作的要求，就必须借助强大的血液管理信息系统来实现。启奥科技抓住了政策性机会，通过研发和技术的自主创新，迅速发展，占据了全国现有血站75% 以上的市场，确立了公司在同行业中的龙头地位。

3. 企业家精神驱动

启奥科技的发展核心创始人起到至关重要的作用。于保田是启奥科技的最早的创始人之一，现为公司董事长兼总经理，也是企业的法定代表人，持有启奥科技 38.65% 股份。于保田带领企业不断进行科技创新，启奥科技现在拥有一支技术能力强、团结敬业的科研团队，具备较强自主研发和成果转化能力。于保田个人获得多项荣誉，2012 年评为"唐山市创业之星""唐山市创业企业家"，2013 年荣获"高新区创业功臣"称号，2014 年由河北省委组织部评为"河北省百名科技型民营企业家"。他对启奥科技的作用主要体现在创业方向的选择与把握、坚持以科技打造企业品牌、持续创新成为行业领军者。

于保田原来是一名大学教师，最初是零星的给一些企业做软件。1996 年春，他和他的团队给唐山市中心血站研发设计的信息化管理系统以高效和品质为他们带来了口碑，继而于保田和他的团队制作了河北省血液中心信息化综合管理系统，并于 1997 年 8 月 1 日在河北省血液中心上线运行。这是国内第一套真正意义上的信息化采供血管理系统，启奥科技也有了自己的第一代成熟产品。这时，于保田也意识到顺应输血管理信息化时代潮流，他们有能力把握创业机遇成为输血行业信息服务的龙头企业。

于保田坚持专业打造，质量造就名牌，名牌成就市场。于保田在信息化整体规划、系统总体设计、软件开发、系统实施、系统运维、人才培训等信息化综合服务方面进行了有效的资源整合，确立了"以产品为核心，以教育培训为依托，提供综合信息化解决方案，发展民族信息化服务产业"的企业发展思路，强调不断创新发展，争做行业领域的带头人。启奥科技公司参与制定了行业标准，并引导行业信息化的发展，确保了血液供应、血液质量和输血安全。启奥科技是唐山市首家新三板上市的软件企业，成功实现了实体经济与资本经济有机结合。

于保田始终坚信"路无尽而求索不止，智所趋乃无远勿届"，这也是他个人性格的写照。从学者到企业家，他用燃烧的创业激情，在软件行业里做得风生水起，在新三板的舞台上再露锋芒。不断创新的过程，不仅仅主要体现在技术创新，还有模式创新和管理创新，启奥科技用"软"实力，成就了高技术服务型企业的成长范例。

4. 企业创新投入

启奥科技重视创新投入，无论是专业研究人员数量还是研发投入经费都处于较高的水平。启奥科技 2014～2016 年研发人员数量分别为：76 人、123 人、139 人；分别占员工总数的比例为：36.19%、37.05%、37.57%。启奥科技 2014～2016 年研发人员情况见图 7－5。

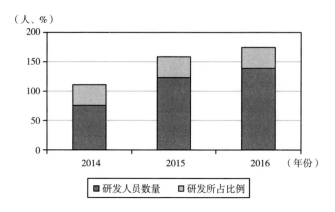

图 7－5　启奥科技 2014～2016 年研发人员情况

启奥科技通过研发和技术的自主创新使公司保持良好的持续发展能力，进而提高了公司的核心竞争力，因此公司加大了对研发创新的投入，历年来研发投入金额占营业收入的比例超过 11%。启奥科技年度报告中披露了公司的研发投入情况，其中 2014 年研发投入金额为 899.15 万元，研发投入占比 11.52%；2015 年为 1 154.17 万元，研发投入占比 11.12%；2016 年为 1 550.31 万元，研发投入占比 11.01%；研发投入费用呈稳健增长态势，为公司创新驱动发展奠定了良好的基础。启奥科技 2014～2016 年研发投入情况见表 7－3。

表 7－3　　　　　　　　启奥科技 2014～2016 年研发投入情况

年份	2014	2015	2016
研发投入金额（万元）	899.15	1 154.17	1 550.31
研发投入占营业收入的比例（%）	11.52	11.12	11.01

7.2.3　创 新 成 效

1. 创新产出

启奥科技依托研发创新取得了高质量发展。公司致力于血液管理、健康管理、信息化服务，其中血液管理是公司的核心产品。公司目前是全国输血信息化行业的龙头企业，河北省高新技术企业、河北省优秀软件企业、河北科技小巨人，河北省三个一百服务业领军企业，拥有 AAA 级信用、73 个软件著作权、60 个软件产品证书、2 个省著名商标、1 个市知名商标。通过了 ISO9001 质量体系认证，拥有系统集成三级资质、安防一级资质、信息安全一级资质。

2016 年 4 月，启奥科技被评为河北省第七届十佳软件企业；2016 年 6 月，启奥科技被评为 2015 年度河北省创建诚信企业先进单位；2016 年 9 月，启奥科技参加河北省第四届创新创业大赛暨第五届中国创新创业大赛（河北赛区）决赛荣获一等奖；2016 年 10 月，获得第五届中国创新创业大赛总决赛优秀奖。公司的"启奥血站管理信息系统 V9.5"获 2016 年度河北省中小企业名牌产品称号；2016 年 12 月，公司的"颐享健康"商标被评为唐山市知名商标。启奥科技已着手研发第四代产品，荧光相关光谱仪及其光学仪器将会应用到血液信息化中，实现血液行业智能化管理，标志着血站的管理实现了由标准化上升到规范化，由信息化上升到数字化。

2. 企业财务绩效

启奥科技在创新驱动战略下，鼓励自主研发，提高产品的科技含量，取得了较好的经济效益。笔者通过查阅启奥科技的年度报告整理了 2013 年以来的启奥科技财务绩效数据，主要选取了三个考察指标：营业收入、总资产和净利润。2013 年启奥科技的营业收入、总资产、净利润的数值分别为 5 445.01 万元、13 599.68 万元、2 161.19 万元，至 2016 年连续四年各项财务指标呈逐年增长态势，其中，2014 较 2013 年营业收入增长 43.34%、总资产增长 33.83%、净利润增长 16.13%。2015 较 2014 年增幅更为显著，营业收入增长 40.44%、总资产增长 76.39%、净利润增长 48.72%。2016 年营业收入达到 14 077.01 万元，同期增长 28.42%，总资产达到 41 315.86 万元，同期增长 28.69%，净利润实现 4 234.77 万元，同期增长 13.45%。启奥科技 2013~2016 年财务绩效情况详见表 7-4。

表 7-4　　　　　启奥科技 2013~2016 年企业财务绩效　　　　单位：万元

年份	2013	2014	2015	2016
营业收入	5 445.01	7 805.09	10 961.57	14 077.01
总资产	13 599.68	18 200.41	32 103.89	41 315.86
净利润	2 161.19	2 509.78	3 732.62	4 234.77

3. 市场拓展

启奥科技的主要市场在北京、河北、山东等北方区域，随着公司的发展，进一步开拓了云南、浙江等南方市场，目前已推广到全国 30 个省市（包括澳门），市场占有率 75% 以上。

创新发展要与时俱进，血液管理、健康管理及信息服务是公司三大业务，启奥科技适应"互联网＋"的趋势，以血液管理为核心向更宽、更广的领域扩张，而且处于不同的成长阶段，有非常成熟的业务，有已经开发完毕开始推广的业务，又有正在开发的业务，三大业务相互独立又相互促进，为保持公司强劲、可持续的快速增长提供了厚实有力的保障。

公司商业模式为 B＋2C 模式，在研发创新在支撑下，启奥科技进行产业链的布局和并购，内部扁平化管理，业务范围更具有广度和深度，对血液管理进行深度研发和销售，进一步开拓健康管理及信息服务市场，客户的服务范围越来越广，实现了依托血液行业市场的横向纵向延伸，发展产业互联网。企业战略目标将建立四个平台（献血服务平台、健康生活平台、信息服务及消费平台、人才培养平台），一个信息安全服务中心，一个启奥健康产业综合服务基地，预计到 2020 年，实现"521"的经营目标，即年销售收入达到 5 亿元，实现净利润 2 亿元，公司市值由 10 亿元发展到 100 亿元。

7.2.4 小结

软件和信息服务业是高技术服务业，在创新型国家建设中发挥着重要作用。启奥科技率先进入血液管理应用领域，拥有行业经验优势，但是支撑企业长期可持续发展的还是企业的创新能力，启奥科技的不断成长壮大印证了创新驱动发展的力量。启奥科技坚持技术发展为主导和自主研发创新，产品在同行业中始终处于领先地位，正是基于创新的引领，公司的产品开发、市场销售业务骨干既精通信息技术又对血液管理领域有深刻理解，构建了一支优秀的人才队伍。"高质量产品 + 高质量团队 + 高质量服务"带来业界良好的口碑和客户高度的满意，使得启奥科技以自身占据绝对优势地位的收入保障领域作为根据地，逐步开拓市场，实现可持续发展。

启奥科技创新驱动发展的经验值得学习和借鉴。另外，在研究分析过程中，笔者也发现了启奥科技发展过程中的不足之处，主要表现在客户和供应商比较分散。启奥科技前五名主要客户约占年度营业收入的 20% 左右，前五名主要供应商约占年度采购金额的 40%，说明公司与客户、供应商的关系黏性不足够高，公司应当重视与上下游企业培养、建立、维持长久、紧密的战略合作伙伴关系，降低交易和采购成本，实现资源互补和战略协同。

7.3

登海种业创新驱动发展的案例研究

7.3.1 企业简介

山东登海种业股份有限公司，其前身是成立于 1998 年 7 月的莱州市登海种业有限公司，该公司于 1999 年改制，变更登记为"莱州市登海种业（集团）有限公司"；2000 年 11 月 27 日经山东省经济体制改革办公室"鲁体改函字［2000］第 34 号"文批准设立山东登海种业股份有限公司（以下简称"登海种业"），2000 年 12 月 8 日经山东省工商行政管理局依法核准登记注册。公司位于山东省莱州市城山路农科院南邻，注册资本约为8.8 亿元。

登海种业是农业类高科技企业，2005 年 4 月登陆中小企业板（股票代码：002041）。登海种业主要从事农作物新品种选育、许可证规定经营范围内的农作物种子生产、分装、销售；农业新技术开发及成果转让、技术推广、技术咨询、培训服务；依法批准经营的进出口业务活动。公司的主要产品包括玉米杂交种、蔬菜杂交种、花卉种苗和小麦种，公司的利润 95%以上来源于玉米杂交种，公司主推的玉米杂交种为登海 605、登海 618、先玉 335、良玉 99。

7.3.2 创新驱动要素分析

1. 市场驱动

从产业价值链分析，玉米种子企业的下游是玉米种植业，玉米种植规模直接影响种子企业的市场需求。我国玉米播种面积 2015 年为 3 811.9 万公顷，2016 年为 3 676.8 万公顷，2017 年为 3 544.5 万公顷，可以看出，玉米播种面积逐年持续下降，2017 年比 2016 年减少 132.3 万公顷，减幅3.6%。在国内市场上，玉米价格一直在低价位上徘徊，农民购种和种粮积极性不高，导致种子销量处于较低水平。在此情况下，种子企业作为供给侧面临非常大的去库存压力。

种子行业特征表现为进入壁垒低，退出障碍高，加剧了市场竞争的激烈程度。种业成本相对较低，种业企业核心技术弱化、产品趋同严重，种业行业进入壁垒的防御作用被大大削弱；种子经营机构数量多，但规模偏小，行业过于分散；同时，种业企业由于政府管制等难以及时退出现有市场。2016 年全国持证企业 4 316 家，比 2011 年减少一半，国内上市种子企业 50 多家，总市值超千亿元。但是行业集中度仍偏低，前 50 强的种子企业销售额仅为 35%。

对玉米种子企业来说，玉米气候适应性强，使得玉米种子单品适种面积较大，因此优势品种成为玉米种子企业的创新驱动力。另外玉米品种替代周期短，要求种子企业具有强大的持续的品种研究开发能力。在激烈的市场竞争中，登海种业将创新视为企业竞争力的重要源泉，重视创新育种和市场需求，驱动企业稳健发展。

2. 政策驱动

种业是国家战略性、基础性核心产业，在相关政策推动下，登海种业加大科研育种能力，依靠产品创新和营销创新，提升企业竞争力。

2012 年，中央一号文件明确提出"重大育种科研项目要支持育、繁、推一体化种子企业"。登海种业是国内首批实施育繁推一体化的 32 家种子企业之一，借助研发技术优势，快速进行农业技术推广，创新性整合产业内资源，使得企业规模不断扩大，2011 年之前登海种业有 4 家子公司（包括全资子公司和控股子公司），2016 年增长为 21 家，遍布国内南北方各地。

2016 年国家开始实施新《种子法》，提出构建以企业为主体的创新体系，着力提升种业自主创新能力、知识产权保护能力。新《种子法》的实施激发了种子企业技术创新的内在动力，坚定信心培育具有自主知识产权的优质品种。以此为契机，登海种业加强创新能力建设，以技术创新支撑企业发展。2016 年公司有 3 个玉米品种、1 个小麦品种通过农作物品种审定。2016 年公司申报的"一种高产夏玉米栽培方法"获山东省专利二等奖，"紧凑型玉米新品种知识产权"入选"山东省首批 15 项关键核心技术知识产权"。

2018 年中央一号文件围绕乡村振兴战略，提出了一系列重大举措旨在推动农业全面升级、农村全面进步、农民全面发展。种子企业要发挥先行示范作用，成为农业创新驱动发展的突破口，转换企业发展新动能，提升农业发展质量。面对新任务，登海种业将以此为激励，以品种为核心进行技术整合，加快培育绿色的、适宜机械化、轻简化栽培和专用品质的优良品种，加强质量管理，严格把控生产流程，积极探索农资、金融产业一体化等新的营销服务模式，培植新的业务增长点。

3. 企业家精神驱动

企业家精神是企业创新的关键驱动因素之一，登海种业创始人李登海身上所体现的坚守、执着、社会责任感、工匠精神带领登海种业不断创新发展。李登海自 1972 年至今四十多年来，坚持以国家粮食安全为己任，致力于高产玉米的育种、攻关和推广，培育的玉米新品种先后两次创造世界夏玉米单产最高纪录，选育的玉米优良品种增加经济效益 1 100 多亿元，他的坚守与执着无愧为时代楷模。李登海艰苦创业，志存高远，扎根农田培育玉米高产种子，他的浓浓家国情怀，激励他的团队永攀科研高峰，即使是在激烈的市场竞争中仍然保持了优势地位。2017 年 5 月，李登海荣获"全国争先创新奖"。2017 年 11 月，李登海被中国种业知识产权联盟、中国农业科技管理研究会、植物新品种保护工作委员会评为"育种之星"。李登海荣誉无数，但他依旧保持着精益求精的工匠精神，坚持原始创新、集成创新，并且持续寻找优质种质资源，引进新品种，整合现有种质资源，实现新的突破升级。

4. 企业创新投入

登海种业重视创新投入，专业研究人员数量保持在 170 ~ 190 人，占员工总数的 16% ~ 19%。上市公司年度报告中显示，2016 年登海种业研究人员数量 187 人，占员工总数的 16.9%。从 2008 年以来，登海种业的研发投入基本保持了增长的态势，研发投入占营业收入的比例在 2.22% 以上。2016 年研发投入约为 4 776 万元，是 2008 年研发投入的 2.2 倍。2016 年研

发投入占营业收入的比例为2.98%。登海种业2008~2016年研发投入情况
详见图7-6。

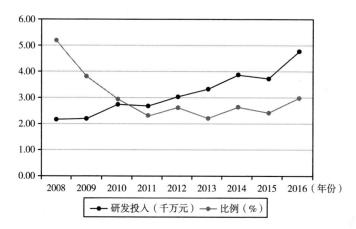

图7-6 登海种业2008~2016年研发投入情况

中小企业板上市的农林牧渔板块中，2016年10家企业披露了研发投
入相关费用，其中，研发人员数量占比登海种业列第二位，第一位的是雏
鹰农牧（公司代码：002477）为30.79%；研发投入占营业收入的比例登
海种业列第一位。农林牧渔类10家企业2016年研发投入情况详见表7-5。
由此可以看出登海种业的创新投入在行业居领先位置。

表7-5　　　　　　农林牧渔类10家中小企业2016年研发投入情况

公司代码	002041	002069	002234	002299	002321	002458	002477	002696	002714	002772
公司简称	登海种业	獐子岛	民和股份	圣农发展	华英农业	益生股份	雏鹰农牧	百洋股份	牧原股份	众兴菌业
研发人员数量占比（%）	16.86	0.95	3.28	0.50	4.15	0.77	30.79	1.55	1.10	6.27
研发投入占营业收入比例（%）	2.98	0.43	0.52	0.43	0.66	1.13	1.13	0.06	0.22	1.97

7.3.3　创新成效

1. 创新产出

查阅企业相关资料可知，截至 2017 年 12 月底，登海种业共申请品种权 159 项，获得品种权 118 项；申请专利 22 项，获得专利 11 项，其中发明专利 5 项，并与国内一些高校及相关跨国公司建立合作关系，不断进行技术储备与创新，保证了公司技术水平在同行业的领先性。

公司是国家高新技术企业、国家创新型企业、国家玉米工程技术研究中心（山东）、国家玉米新品种技术研究推广中心和国家认定企业技术中心、山东省泰山学者岗位、山东省玉米育种与栽培技术企业重点实验室、玉米产业技术创新战略联盟等多个具有行业影响力的技术创新平台，始终处在我国杂交玉米种子研究的高点。公司先后获得国家星火一等奖、国家科技进步一等奖、山东省科技进步一等奖等 25 项国家及省部级奖励。2015 年《中国农业知识产权创造指数报告》中，登海种业创造指数 11.89%，位居全国农业企业第 9 位，国内种业企业第 1 位。2016 年公司获得"中国种业信用明星企业""中国种子十大品牌企业""中国种业信用骨干企业"荣誉称号。2017 年 8 月，公司被山东省诚信建设促进会评为"诚信建设示范单位"。2017 年 11 月，公司被中国种子协会评为"中国种子协会第六届（2017 年 6 月至 2022 年 5 月）副会长单位"。2017 年 11 月，公司被中国种业知识产权联盟、中国农业科技管理研究会、植物新品种保护工作委员会评为"2016 年度中国农业植物新品种培育领域明星育种企业"。

2. 企业财务绩效

登海种业得益于创新驱动发展战略，经营业绩实现了持续增长。笔者整理了 2008 年以来的登海种业财务绩效数据，主要选取了三个考察指标：营业收入、总资产和净利润。2008 年世界经济危机爆发，种子企业的发展受到强烈的影响和冲击，当年登海种业的营业收入为 41 690 万元，总资产为 113 210 万元，净利润为 460 万元。2010 年营业收入为 93 780 万元，总资产为 195 260 万元，净利润为 20 870 万元。到 2016 年营业收入增长为 160 260 万元，是 2008 年的 3.84 倍、2010 年的 1.71 倍；2016 年总资产增长为 446 750 千万元，是 2008 年的 3.95 倍、2010 年的 2.29 倍；净利润显著增长为 44 220 万元，是 2008 年的 95.7 倍、2010 年的 2.12 倍。登海种业 2008~2016 年财务绩效情况详见图 7-7。

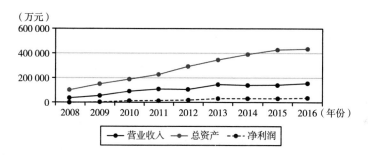

图 7-7　登海种业 2008~2016 年财务绩效情况

3. 企业国际化发展

从全球化的视野来看，我国种子企业的发展起步较晚，国际市场竞争力整体相对较低。登海种业具有战略性的眼光，积极开展国际合作，在全球范围内寻求优质资源进行整合配置。

2002 年登海种业与美国先锋开展合作，先锋公司成立于 1926 年，是全球最早进行玉米杂交育种的公司之一，也是最早一批全球化经营的种子公司，其商业育种体系领先全球。2002 年 12 月，登海种业与美国先锋共同出资组建山东登海先锋种业有限公司（以下简称"登海先锋"），登海种业持有 51% 的股权，杜邦先锋投资有限公司持有 49% 股权。2016 年登海先锋营业收入为 60 760 万元，净利润达 16 220 万元。

登海种业在深入开展本土化研发的基础上，积极"引进来"开展国际间种业交流和合作。早在 2008 年，登海种业依靠生产销售杜邦先锋研发的先玉 335，仅此一项就占到其当年销售额的一半。2015 年登海种业从美国和中国农业大学引进高诱导率的单倍体诱导系，利用磁共振单倍体检粒仪，加快了单双倍体育种速度，建立以双单倍体为主的自交系选育体系。2017年4月，登海国际生物技术研发中心项目主体封顶，登海种业进一步加快国际生物技术创新步伐，建成国内高端育种研发平台，提高我国种质资源国际竞争力。

7.3.4 小结

近年来，在农业领域，我国坚持以科技创新引领发展，取得了显著成效。党的十八大以来，农业农村科技工作不断取得新突破，农业科技进步贡献率已由 2012 年的 53.5% 提高到 2017 年的 57.5%。2016 年主要农作物良种覆盖率为 96%，我国种子新品种保护年度申请量目前已位居世界第二。我国农业基础总体而言仍然比较薄弱，农业企业创新驱动提质增效的任务非常艰巨。科技创新是种子企业获得竞争优势的重要渠道，是企业成长的根基。学者研究认为我国国内种子企业规模小，研发推广能力弱，在面临国际种子企业的竞争时处于劣势。学者们提出国家应当加大在种业研发方面的投入，提高企业自主创新能力，培养更多的种业研发人才，保护知识产权，健全市场的监管制度，营造良好的研发氛围，从而提升中国种业企业的竞争能力。

登海种业创新驱动发展取得了丰富经验和显著成效，在未来的发展中，提出两点展望：第一，继续加大研发投入，提高自选育种的创新能力。虽然登海种业的创新投入水平国内领先，与国际种业巨头相比还有较大的差距，孟山都、杜邦先锋研发投入占收入比例均超过 10%。第二，积极探索国际化发展之路，提高国际影响力。登海种业要在"引进来"的基础上，推动"走出去"布局国际市场，充分利用国际化合作带来的协同效应，提高玉米优势品种的国际竞争力。

登海种业以创新驱动发展的实践对国内种子企业有重要的启示意义，值得借鉴。河北省种子企业在册的有 1 100 多家，三北种业公司、河北巡天农业科技有限公司、承德裕丰种业公司、国欣农研会销售收入进入全国种子企业销售前 50 强。目前还没有上市的企业，整体创新发展水平不高，科技创新驱动在引领企业发展中的作用还需进一步挖掘。在"一带一路"、乡村振兴的战略背景下，种子行业的市场开放程度日益加大，企业成长面临的竞争环境更加严峻复杂。国家一系列政策的推出，敢于创新勇于探索的科技型种子企业必将脱颖而出。新形势下唯有创新才能使企业立稳市场，企业加大科研育种投入，提升研发创新能力，不断走向规模化、国际化，进而推进农业农村现代化建设。

第8章

结论与政策建议

本章基于前述研究，总结研究结论，服务创新实践，为我国尤其是河北省高技术企业的创新驱动发展提供政策建议和理论参考。

8.1

研究结论

本书从高技术企业的定义、特征切入，从理论和实践两方面开展了深入探索，对我国省级区域高技术产业包括制造业和服务业进行了创新驱动发展能力的评价，通过实证研究和案例研究对高技术企业创新驱动发展的影响因素及作用机制进行了分析和挖掘，总结前述研究，形成三个主要研究结论。

第一，高技术产业的创新发展与区域经济总量、创新要素集聚等因素密切相关。本书对高技术制造业和高技术服务业分别进行了考察研究，创新驱动发展能力评价的结果表明，无论是高技术制造业还是高技术服务业，排在前列的有广东、江苏、山东、浙江等省市；北京的高技术服务业发展能力位列第三，上海的高技术企业发展也很抢眼。国家统计局数据显示，从经济总量上看，2017 年广东省经济总量达到 89 879.23 亿元，高居榜首；江苏省经济总量达到 85 900.94 亿元，居亚军位置，之后是山东、浙江。而经济总量落后的地区高技术企业表现不尽如人意。河北省的高技术企业总体来看，居于全国中等水平，发展能力还有待进一步提高。中国科技发展战略研究小组、中国科学院大学中国创新创业管理研究中心对外发布的《中国区域创新能力评价报告 2017》全国区域创新能力综合排名前三强分别是广东、江苏、北京；报告中的数据显示，北京和上海作为全国乃至全球科技创新的实力和地位初步显现，其人力资本和研发机构的集聚水平、创新投入的强度、知识创造的规模、技术成果扩散的溢出效应、对周边地区的辐射能力均遥遥领先。区域经济发展的不平衡、区域创新能力的差距以及创新要素集聚的不协调是影响高技术企业创新驱动发展的重要因素。

第二，高技术企业依靠创新驱动发展，其成长能力和绩效水平获得有效提升。本书的研究结果表明，高技术企业的成长和绩效很大程度来源于创新的引领及技术的进步。新时代下背景，高技术企业创新驱动发展的特征越加鲜明。企业重视创新要素投入、技术支撑、人才智力，不断提供新产品，激发新需求；企业着力构建创业创新生态系统，战略性开展开放式创新，基于此推动企业发展的趋势，并以此成为企业可持续发展的动力。本书的研究结果显示不同技术来源渠道所产生的创新绩效不同。投资拉动、自主创新和技术引进都能显著推动高技术市场化；投资拉动和技术引进能够有效促进高技术产业化；技术引进对高技术国际化的正向推动作用比较明显。结果说明，创新驱动和投资拉动是我国高技术产业发展的重要动力来源，但是对高技术产业发展不同层面有着不同的影响和作用。对于高技术服务业类型的企业而言，技术创新的驱动作用不如投资拉动的作用更为明显。说明在我国创新驱动发展高技术服务业的意识和理念还不够深入，尚处于发展不成熟阶段，产业结构和发展模式需要进一步优化调整。

第三，高技术企业创新发展的主要驱动因素：市场需求、创新投入、政策驱动、企业家精神，这四个要素相互联系，相互作用，共同驱动高技术企业创新质量的提升。本书通过理论和案例研究，总结出高技术企业创新驱动发展的主要因素，市场需求是企业发展最直接的动力来源，在我国深入实施创新驱动发展战略的大背景下，促进高技术企业快速发展并对我国迎接创新转型新时代具有重要意义。创新投入是企业实现创新驱动发展的最根本的前提条件，企业在创新投入方面加大了人力、技术等物质投入，又包括品牌形象、创新文化建设等无形资源的投入。政策驱动，高技术成长和发展过程中面临很多的不确定性，政策的引导和支持发挥着关键作用。创新效率反映了投入产出的有效性，是高技术企业创新驱动发展的本质要求和根本属性；创新质量是高技术企业创新驱动发展的结果和重要的表现形式。要把"高质量"作为确定发展思路、制定各项政策的根本要求和着力点，加快高技术企业创新驱动和新动能培育，提升企业竞争力，推动产业发展提质增效。这四个要素相互联系，相互作用。

8. 2
促进高技术产业创新驱动发展的对策建议

1. 高技术产业发展需要加强顶层设计

高技术产业发展需要依赖于系统工程的科学思维，需要加强顶层设计。我国高技术产业发展各省区市之间发展不平衡，水平相差悬殊，因此，国家有必要对高技术产业发展做出宏观的战略设计、政策配置及其制度安排。战略设计体现在国家的统筹规划和系统安排，部署设计突出产业发展的系统性和协同性，我国根据经济发展情况分别有西部大开发、中部崛起、东北振兴等战略计划，顶层设计是鼓励各省市区都积极参与投入到创新驱动发展这一国家战略中。政策配置是指需要从国家的高度对产业技术体系进行中长期布局和政策扶持，包括产业体系建设，产业共性技术研发、区域协同发展、产业承接转移等，使得我国科技创新的规模优势能够有效转化为产业生产力。制度安排着重于以制度创新推动高技术产业发展，推动高技术产业发展与城市群、产业集群战略的融合，面向市场引导科技与经济发展相结合，探索科技创新、科技成果转化的商业化模式。

2. 创新高技术产业发展的特色与模式

我国高技术产业发展迅速，各省市区高技术产业发展已体现出自身特色，亮点纷呈。为推动高技术产业进一步发展，创新格局进一步优化，基于我国各省市区经济实力和科技基础不同，各省市区合理调整自主创新战略，突出发展重点和优势，创新产业发展的特色和模式。为优化经济发展空间格局，国家重点实施"一带一路"、京津冀协同发展、长江经济带三大规划，高技术产业发展水平较低的区域可以此为发展契机，主动借力承接领先型区域的产业转移，基于自身特色探索产业发展模式，推动本省产业结构的优化升级。比如河北承接京津；中西部承接东南沿海地区；安徽承接长三角；江西赣南承接东部沿海地区产业转移等。

3. 突出企业的创新主体地位促进产业倍增发展

高技术产业发展着重于生产率的提高，罗来军、李军林、姚东旻（2015）研究发现企业利润、企业规模对生产率的提高有显著促进作用。本书的研究结果同样展示了产业活力是当前我国影响产业发展的最重要动力，而企业创新恰是动力之源。因此，培育壮大高技术企业，扩大企业生产规模和创新效益，才能增强产业的创新活力，是高技术产业倍增发展的关键所在。

各区域要着力培育一批本土的龙头骨干企业和科技型中小企业，以企业作为高技术产业创新资源组织的核心载体，发挥企业在知识产权应用、科技创新扩散、成果转化等一系列技术创新决策中的主体与主导作用，坚持市场引领研发和产业化导向，激活现有科学技术和创新资源，使科技成果迅速而有效地转化为富有市场竞争力的商品，实现科技水平和产业化规模的跨越式发展。技术创新过程中，企业的软实力不容忽视，其中主要包括企业家精神、人力资本要素、创新激励制度、企业的创新文化氛围、产品品牌的影响力和美誉度，这些要素都对形成企业技术创新总体实力具有重要意义。

4. 坚持自主创新与技术引进相结合

我国高技术产业目前总体技术水平不高、创新能力不足、对外技术的依存度还比较高。原始创新、集成创新、二次创新都是自主创新的形式，结合目前我国高技术产业发展状况，引进国外先进技术促进创新能力提升仍然是一条重要的途径。在自主创新的初级阶段，以模仿创新为主，同时加大对国际领先的先进技术、核心技术和关键技术的引进力度，积极消化吸收再创新，在学习和实干的基础上尽快取得较好的自主创新效果。

坚持自主创新与技术引进转移相结合，增加"二次创新"的能力，促进高技术制造业高端化，即由生产制造加工等低附加值的环节向研究开发、核心技术、品牌服务等高附加值环节转化。提升高技术服务业的知识和技术密集度，加强技术创新、服务模式创新和管理创新，引导高技术服务业专业化发展。坚持以科学发展观指导高技术产业发展，由引进模仿创新走向独立自主创新，防止重引进轻吸收，加强外部资源的整合、技术协作和开放式协同创新，以技术创新释放发展潜力，提高创新能力和可持续发展能力。

5. 提升创新支撑力疏通产业发展的阻碍

本书研究结果显示，我国各省市区都着力于优化投资环境，为高技术产业发展提供有力支撑。投资拉动是高技术产业发展的主要动力之一。中国正处于经济高速增长向中高速增长转换的新常态下，支撑力的投资与建设要有利于疏通制约创新增长的软硬件环节，围绕技术创新的基础设施薄弱环节，面向促进高技术产品市场化加强消费的环节进行战略性投资支持，提升科技基础设施的战略支撑能力。

对高技术产业投资过程中，应当注重提升投资质量，充分发挥政府的规划引导和市场配置资源的决定性作用。改善高技术产业发展环境要以技术创新和市场化为导向，组织实施一批产业化重点项目和工程，着力提升产业基础设施技术含量，培植新的经济增长点；建设一批以企业为主体的产学研互动的创新平台，加大技术研发与开放集成创新平台等建设力度，构建完善的区域科技创新体系；培育一批优势产业集群和创新产业基地，加强产业内网络化信息共享，优化高技术产业布局，深化开放交流合作。

8.3

河北省高技术企业创新驱动发展对策建议

8.3.1 河北省高技术企业创新驱动发展战略思考

中国经济社会已经进入了一个新的常态，企业作为经济的微观主体，必须重新审视自身的经营与发展战略。根据河北省高技术企业当前形势分析，本书提出如下发展战略建议。

1. 依托区位优势，调整企业发展结构布局

河北省高技术企业在各细分行业存在严重不平衡，企业发展应当遵循创新引领、重点突破、开放带动、集聚发展的思路，依托于环渤海的优势和京津冀协同发展的战略机遇，充分利用冀中南地区列为国家重点开发区域的有利条件，企业战略选择要契合区位优势与产业特色，明确承接产业转移的战略导向，充分发挥主导业务的比较优势，大力开发满足市场需求的产品或服务，努力架构更加科学合理的高技术产业体系，力争把新能源、新一代信息、生物医药、高端装备制造业发展成为河北省支柱产业，新材料、海洋经济成为先导产业，节能环保产业取得突破性发展。河北省重点发展研究开发服务、技术转移服务、创新创业服务、科技金融服务、知识产权服务、知识产权服务等高技术服务业，建设京津冀协同创新科技服务聚集区，培育高技术服务业产业集群，加快高技术服务业企业的发展。

2. 发挥市场主体功能，积极主动适应新常态

经济新常态下，企业必须充分发挥其市场主体的功能与地位，主动适应新常态。引导企业提升自主创新能力，增强企业自身"造血"功能。首先，充分发挥企业家精神。高技术企业必须依靠企业家的创业力、创造力和创新力，务实创业、敢于创新的企业家精神在动态复杂的环境中彰显出更为强大的力量，引领高技术企业走上可持续发展的轨道。鼓励企业加大创新人才的吸引、培养、使用和激励力度，运用政策手段促进优秀科技人员向企业流动，增强企业研究开发和技术创新的能力。其次，构建企业内部创新机制。企业内部创新机制主要包括企业的长期战略、商业模式、制度创新、创新文化、产品定位、人才激励机制等内容。最后还要主导创新生态系统。创新生态系统涉及产学研等不同类型的实体结构，高技术企业居于创新生态系统的核心位置，在知识产权应用、科技创新扩散、成果转化等一系列技术创新决策中承担主导作用，带动其他实体的有效协同创新和用户的频繁广泛参与，企业应当积极探索建立与高等院校、科研院所深度融合的协同创新模式。

3. 围绕提质增效，塑造并提升企业核心竞争能力

围绕提质增效，大企业经济发展档次逐级提升，中小企业不断做大变强。大企业集中力量加快突破攻克关键技术，在若干重要领域抢占技术制高点，掌握具有核心竞争优势的关键技术，形成具有较强核心竞争力的大公司和企业集团。中小企业借助于大企业的带动和自身灵活柔韧的优势，依托于产业基地、项目拉动、科技园区建设等集聚特点，充分发挥高技术企业专、精、新、特的优势，以差异化战略确立产业价值链中的有利位置，发展形成企业核心竞争力。大小企业组成的网络格局，形成以龙头大企业带动配套关联项目集群式转移，推动河北省高技术产业倍增发展。

4. 实施创新驱动，努力探索创新的过程与模式

企业实施创新驱动战略要着眼于创新的过程，而不能局限于创新投入、创新产出两头的数据，深入挖掘"创新资源投入—创新能力提升—科技成果开发—成果价值扩散"的路径机制和内在机理。河北高技术企业的发展应当坚持技术引进和自主创新相结合，走"学习—吸收—模仿—内化—再创新"的战略路径。技术引进政策中，应当着重体现在对于领先技术、核

心技术、关键技术的引进；在重视技术引进的同时，更要加强消化吸收，对技术进行二次加工，提升附加含量；积极探索技术引进促动自主创新的有效途径，逐渐转向独立的、完全的自主创新。

5. 实施"互联网＋"战略，促进信息化与工业化深度融合

国家制定了"互联网＋"战略计划，推动移动互联网、云计算、大数据、物联网等现代技术与现代制造业结合。信息化与工业化的融合主要表现在：用信息技术提升企业研发设计水平；推动生产过程智能化和生产装备数字化；促进信息技术在企业经营管理活动中的广泛应用。"互联网＋"战略下新一代信息企业和工业企业相互促进发展，通过加强更为专业的分工与合作，传播工业文明制造与创新设计，信息化与工业化深度融合助推高技术企业发展走向高端化、智能化和可持续化。

8.3.2　河北省高技术企业创新驱动发展财政政策建议

我国处于经济转型期，高技术企业的发展面临很多困难和挑战。我国的高技术产业起步较晚、技术人才和基础设施的建设也比较薄弱，与高技术企业发展密切相关的一些产业如风险投资和资本市场也相对不够完善，因此，这样的情境下，政府的财政政策支持显得尤为重要。本书提出以下财政政策方面的建议。

1. 加大财政科技投入，灵活运用多种补贴方式

（1）增加科技经费投入。目前，河北省高技术产业的发展取得了诸多成就，企业创新能力进一步增强，科技对促进全省的经济发展起到了一定作用，但在财政支持方面仍然不足，主要表现在财政科技投入占财政支出的比例较低并有下降趋势。河北省应当加大财政资金对支持高新技术产业发展的力度，充分发挥财政资金的导向作用，应当提高财政科技投入的计划性，并以预算的形式将其固定下来，形成较长期间内的稳定增长机制。

具体来讲，预算编制之前要充分考虑上一年地区高新技术产业的生产经营情况、地区生产总值情况，设计包含产业产值、地区就业、通胀水平以及国家经济环境等重要指标在内的衡量体系，并以此确定科技拨款的预算额度。同时，要把财政科技投入的增长速度在经济发展规划中确定下来，提高可预测性。拓宽科技投入的渠道，着力提高资本市场与技术市场的融合度，积极开放科技风险投资市场，鼓励外资和民间资本进入风险投资领域。

加大对高技术中小企业研究开发经费的投入。高技术产业不能单一依靠大型企业，应注重大量发展中小企业，实现以龙头企业为核心，大量中小企业集聚为支撑的发展模式。由于大型企业拥有较为丰富的资源，其在技术研发、技术转化生产等方面具有优势，中小型企业在创新策划、灵活应对市场有一定的优势，政府应该为中小企业的发展制定保护政策，营造良好的市场环境，实现不同规模的企业共同发展。财政增加科技经费投入时，应当通过减少硬性约束，降低企业创新活动的成本，激励企业增加R&D 投入。同时，也要完善对高技术企业的法律保护，提高高技术企业的产权保护程度，保障企业产品市场权益，促进企业 R&D 投入，最终推动高技术企业创新能力的提升。

（2）灵活运用财政补贴。政府补助的方式应尽量多样化，除了传统专项补助、高新贴息等之外，还可按新产品销售金额、技术合同交易金额、取得的专利授权数等给予相应补助，以充分实现政府直接补助与市场结合，进而更好地引导企业满足市场需求，同时实现政府资源优化配置。财政补贴政策应明确财政补贴的重点环节，比如研发环节、营销服务环节，将其作为补贴的核心，拓展价值链，促进高技术企业向自主创新、先进服务业发展与转型。财政补贴要充分发挥企业是创新的主导地位，政府更多运用财政后补助、间接投入等方式，支持企业自主决策、以创新驱动发展。充分利用财政补贴的专款专用、计划性强等优势，根据不同企业类型考虑设立高技术企业专项补贴基金。为提高财政补贴效率，最终达到财政补贴资金的优化配置，对不同高技术企业，需要进行企业创新技术以及创新产品的风险评估，基于不同的风险评级实施不同的补贴政策。具体来说，对于创业型企业，其 R&D 资金较为匮乏，可通过基金补贴用作创业补助；对国家重点发展且投资风险较大的高技术企业，由于企业 R&D 投入无法支撑所有重点研发项目，应采用专项补贴政策。因为专项补贴以项目为基础，可以更为有效地推动企业 R&D 投入，激发企业研发活力。

2. 完善税收优惠政策，重视差异化扩大激励效应

（1）完善税收优惠政策。完善促进自主创新的税收优惠政策，扩大研发费用的税收优惠范围，对高技术企业和高技术成果产业化项目的研发及其土地使用实行一定的所得税、增值税及土地使用权转让金减免征收等优惠政策。可以考虑研发费用抵减应纳税额，对重大技术研发设备实行税收优惠，实施进出口关税和进口环节税减免的税收优惠政策，鼓励高技术企业外部引进先进技术，有效地激发高技术企业进行研发创新的积极性。

（2）重视税收差异化。减免税收负担，重视差异化原则。应区别对待不同细分行业、不同类型的高技术企业，对于大中型的、发展稳定运营状况良好的企业可以严格征收，但对于小型的、处于起步阶段的高技术企业可以采取相应的优惠政策，比如提高广告费的扣除比例等。个人所得税应实行分类课征制度，不同岗位上的科技人员实行不同的税收优惠政策。进一步落实小型微利企业、高技术企业、科技企业孵化器、大学科技园、技术转让、研究开发费用加计扣除和研究开发仪器设备折旧等税收优惠政策。对符合条件的小微企业、孵化机构和投向创新活动的天使投资等给予税收支持。

3. 扩大政府采购规模，加强制度落实

（1）扩大政府采购规模。为了更好地发挥政府采购对高技术产业的扶持的作用，河北省政府应当扩大政府采购在财政支出中的比重，采购过程中尽量优先选择自主知识产权的高新技术产品。首先，完善政府采购法律制度规定，明确高技术产品及其服务的采购标准和采购目录，公开衡量企业是否具备自主创新资质的相关指标体系，确保采购资金的正确流向。其次，完善政府采购监管体系，建立覆盖事前、事中、事后全过程的监督机制，发挥审计部门的独立监管作用，政府采购计划的制定以及预算的编制是政府采购的依据，在采购过程中对招标体系是否符合法律制度进行监督，对违反采购法的行为严厉惩处，保障政府采购全程公开透明。最后，配合河北省财政厅大数据规划，推进政府采购信息化建设。做好网站信息公开和更新工作，发挥电子招标系统对提升采购效率、节约采购成本的作用，也可以通过网络平台广泛接收来自采购单位、供应商、社会媒体等方面的监督和意见。

（2）加强制度落实。加强政府采购政策的执行和落实，切实对科技创新起到强有力的推动作用。具体而言，实行灵活的价格政策，给予本省高新技术产品一定的价格优惠。政府采购为高技术企业预留采购份额，为中小企业采购竞争降低准入标准和项目标底，为中小企业提供与采购有关的资助，如资质担保、贷款和培训等。报价同等的条件下，中小企业享有优先获得采购合同的权利。政府采购优先采购环保绿色产品。政府购买公共服务应侧重购买本省高技术企业的公共服务，如环境监测（对污染监测）、购买高技术劳务等。

4. 完善政策性投融资体系建设，拓宽企业融资渠道

（1）完善投融资体系。在政策性金融的投入对象上，要创造公平的竞争环境，给民营企业平等的国民待遇；在政策的时效性上，要注意根据高技术产业的发展阶段制定相应的财税政策。在创业基金支持方面，可以通过政策性基金为正处于种子期和初创期的创新企业提供无偿或者低回报的资金、技术、管理等方面的帮助；通过商业性基金为处于成长期的创新企业提供融资条件优于一般商业金融机构的资金扶持，促进创新企业进入产业化阶段。

（2）拓宽融资渠道。发展股权融资，财政PPP（政府与社会资本合作）项目应多考虑高技术企业的参与。发展股权投资引导基金，引导金融资本和民间资本向科技成果转化集中。鼓励和培育科技型中小企业上市融资。

在融资担保方面，通过政府性担保机构为高技术企业提供信用担保或财政贴息；也可以通过完善资本市场和健全知识产权保护，鼓励知识产权质押融资，对通过专利权质押取得贷款的企业，应当予以财政补助。推动政府采购合同信用融资，促进科技型中小企业发展。鼓励发展科技信贷专营机构，对新开办的科技分（支）行、科技小额贷款公司、科技保险机构等进行财政支持予以奖励。

在风险投资方面，可以增加关于鼓励风险投资的税收优惠政策；完善准备金制度，对处于创新创业阶段高技术企业，特别是中小型企业，允许其提取一定比例的科技准备金；针对风险资本中民间资本较少的问题，可以通过更大力度的所得税政策，激发个人和企业进行风险投资的热情。

5. 建立绩效预算管理新机制，促进财政提质提效

（1）建立绩效预算管理新机制。为了提高财政资金使用绩效，建立全过程绩效预算管理新机制，做到预算编制有目标、预算执行有监控、预算完成有评价、评价结果有应用、绩效缺失有问责。预算编制有目标。政府预算将围绕政府行政目标来确定，部门预算围绕部门职责来编制，项目预算以绩效高低为标准来确定，要求以最小的投入，获取最大的社会效益和经济效益。预算执行有监控。形成预算编制、执行、绩效评价、结果应用为主要环节的管理闭环，绩效信息、项目指标贯穿全程、动态监控、即时管理，特别是对偏离绩效目标的预算项目，能够及时采取有效措施纠偏或者停止执行，确保财政资金的安全使用和绩效持续提升。预算完成有评价、评价结果有应用、绩效缺失有问责。财政监督的重点将转向合规性检查与绩效监督、绩效评价并重。完善绩效评价报告制度和绩效问责制度，加大绩效信息公开力度。将绩效评价结果与预算安排挂钩，并作为完善政策、分配资金、改进管理的重要依据。

（2）推进绩效预算的管理应用。关于高技术产业的财政资金使用，同样也要严格按照绩效预算管理的制度进行目标确定，接受监控、评价和绩效考核，从而提高财政资金的使用效率和效果，促进高技术产业发展的提质增效。首先，建议由河北省财政、税务、工商、科技等部门组成联合评价小组，组织公民、企业、社会团体等社会评价主体直接或间接参与其中。其次，建立全方位、多层次的财政政策绩效评级指标体系，以绩效目标设定、方案措施、目标实现程度及效果等为绩效评价的重要内容，坚持定量分析为主，定性分析为辅；在财政政策实施中，要做到时时监控，以便能及时发现问题和做好风险防范。最后，采用科学合理的统计方法对政策的绩效评估结果进行总结和公布，并且评价结果直接影响实际的财政资金使用与分配，充分体现绩效预算管理的导向作用和制约作用，促进财政政策落地有声，政策执行提质提效。

参 考 文 献

[1]"2014 年全国企业创新调查资料开发"课题组. 我国高技术企业创新状况分析——2014 年全国企业创新调查资料开发系列分析报告之六[J]. 调研世界, 2017(4): 11-17.

[2] 2017 年中国种子行业发展概况分析、发展现状分析及行业竞争格局分析[EB/OL]. 2017-02-15. http://www.chyxx.com/industry/201702/494628.html.

[3][美]叶恩华、[澳]马科恩著, 陈召强、段莉译. 创新驱动中国[M]. 北京: 中信出版社, 2016.

[4] 艾尔弗雷德·D·钱德勒. 看得见的手—美国企业的管理革命[M]. 北京: 商务印书馆, 1997.

[5] 艾尔弗雷德·D·钱德勒. 企业规模经济与范围经济[M]. 北京: 中国社会科学出版社, 1999.

[6] 白俊红, 江可申, 李婧. 应用随机前沿模型评测中国区域研发创新效率[J]. 管理世界, 2009(10): 51-61.

[7] 彼得·圣吉. 第五项修炼一学习型组织的艺术与实务[M]. 上海: 上海三联书店出版社, 2003.

[8] 陈畴镛, 胡枭峰, 周青. 区域技术创新生态系统的小世界特征分析[J]. 科学管理研究, 2010, 28(5): 17-20.

[9] 陈开全, 兰飞燕. 高科技产业与资本市场[M]. 北京: 北京大学出版社, 1999.

[10] 陈新国, 肖新新, 芮雪琴, 樊燕萍. 我国高技术产业与经济增长

的协整研究 [J]. 技术经济, 2011, 29 (12): 58-63.

[11] 陈钰, 宋卫国. 中国创新绩效评价及启示——基于国际比较视角 [J]. 科技进步与对策, 2015, 32 (2): 133-137.

[12] 成力为, 孙玮, 王九云. 要素市场不完全视角下的高技术产业创新效率——基于三阶段 DEA-Windows 的内外资配置效率和规模效率比较 [J]. 科学学研究, 2011, 29 (6): 930-938.

[13] 池仁勇, 孙浩. 不同专利申请动机下企业 R&D 效率研究——以浙江省高新技术企业为例 [J]. 技术经济, 2011, 30 (8): 7-10.

[14] 邓路. FDI 溢出、出口导向效应与创新效率——基于我国高技术产业面板数据的实证研究 (1999—2007) [J]. 财经科学, 2009 (7): 95-101.

[15] 丁绪辉. 高技术产业集聚与区域技术创新效率研究 [D]. 兰州: 兰州大学博士学位论文, 2015 年 6 月.

[16] 段小梅, 黄志亮. 新常态下西部经济发展的新机遇、挑战及趋势 [J]. 2015, 25 (3): 66-74.

[17] 范允奇, 李晓钟. 政府 R&D 投入、空间外溢与我国高技术产业技术创新效率 [J]. 工业技术经济, 2014 (5): 101-107.

[18] 封伟毅, 李建华, 赵树宽. 技术创新对高技术产业竞争力的影响——基于中国 1995—2010 年数据的实证分析 [J]. 中国软科学, 2012 (9): 154-164.

[19] 冯锋, 马雷, 张雷勇. 外部技术来源视角下我国高技术产业创新绩效研究 [J]. 中国科技论坛, 2011 (10): 42-48.

[20] 龚轶, 顾高翔, 刘昌新, 王铮. 技术创新推动下的中国产业结构进化 [J]. 科学学研究, 2013, 31 (8): 1252-1259.

[21] 顾乃华, 毕斗斗, 任旺兵. 中国转型期生产性服务业发展与制造业竞争力关系研究 [J]. 中国工业经济, 2006 (9): 14-21.

[22] 郭建平, 常菁, 黄海滨. 产业发展视角下高新技术企业效率评价——基于 DEA 模型的实证研究 [J]. 科技管理研究, 2018 (12): 67-72.

[23] 韩东林, 杜永飞, 夏碧芸. 基于因子分析的中国三大区域高技术

服务业竞争力评价 [J].中国科技论坛,2013 (10):36 – 42.

[24] 何慧慧,程豹,胡莹莹.高技术产业自主创新与技术引进的实证分析 [J].科技经济市场,2006 (12):18 – 19.

[25] 何向武,周文泳.区域高技术产业创新生态系统协同性分类评价 [J].科学学研究,2018,36 (3):541 – 549.

[26] 黄鲁成.区域技术创新生态系统的特征 [J].中国科技论坛,2003 (1):23 – 26.

[27] 黄鲁成.区域技术创新生态系统的制约因子与应变策略 [J].科学学与科学技术管理,2006,27 (11):93 – 97.

[28] 黄伟.我国科技成果转化绩效评价、影响因素分析 [D].长春:吉林大学博士学位论文,2013 年 5 月.

[29] 惠宁,葛鹏飞.产业规模、R&D 投入与软件产业发展的关联度 [J].改革,2015,19 (6):100 – 109.

[30] 江珂.环境规制对中国技术创新能力影响及区域差异分析——基于中国 1995—2007 年省际面板数据分析 [J].中国科技论坛,2009 (10):28 – 33.

[31] 姜瑞春.基于索洛模型的外资对中国经济增长的技术贡献率测算研究 [J].生态经济,2011 (12):109 – 111.

[32] 金伊雯.研发投入对高技术企业创新绩效的影响研究——基于制度环境的调节作用 [D].上海:上海师范大学,2018 年 6 月.

[33] 康鑫.中国高技术企业知识产权管理系统研究 [D].哈尔滨:哈尔滨工程大学,2012 年 6 月.

[34] 李大为,刘英基,杜传忠.产业集群的技术创新机理及实现路径——兼论理解"两个熊彼特"悖论的新视角 [J].科学学与科学技术管理,2011,32 (1):98 – 103.

[35] 李婧.政府 R&D 资助对企业技术创新的影响——一个基于国有与非国有企业的比较研究 [J].研究与发展管理,2013,25 (3):18 – 24.

[36] 李鹏飞.经济新常态下的中国工业——"第三届中国工业发展

论坛"综述 [J]. 中国工业经济, 2015 (1): 45 – 51.

[37] 李平, 张俊飚, 徐卫涛, 等. 高技术产业 R&D 资源投入与产业发展关系实证研 [J]. 资源科学, 2011, 33 (11): 2107 – 2115.

[38] 李森森, 刘德胜. 企业成长理论新进展: 非线性成长机制 [J]. 山东大学学报 (哲学社会科学版), 2014 (1): 131 – 136.

[39] 李武威. 基于灰色系统理论的行业特征对高技术企业技术创新能力的影响研究——以我国 2006 – 2008 年高技术产业数据为例 [J]. 工业技术经济, 2012, 31 (6): 151 – 160.

[40] 李晓钟, 张小蒂. 江浙基于 FDI 提高区域技术创新能力的比较 [J]. 中国工业经济, 2007 (12): 102 – 109.

[41] 李艳华, 柳卸林, 刘建兵. 现代服务业创新能力评价指标体系的构建及应用 [J]. 技术经济, 2009, 2 (2): 1 – 6.

[42] 李煜华, 武晓锋, 胡瑶瑛. 共生视角下战略性新兴产业创新生态系统协同创新策略分析 [J]. 科技进步与对策, 2014, 31 (2): 47 – 50.

[43] 刘焕鹏, 严太华. 我国高技术产业 R&D 能力、技术引进与创新绩效——基于省际动态面板数据模型的实证分析 [J]. 山西财经大学学报, 2014, 36 (8): 42 – 49.

[44] 刘建兵. 高技术服务业创新: 模式与案例 [M]. 北京: 科学出版社, 2013.

[45] 刘梦淳, 闫丽平. 登海种业以创新驱动发展的实践探索及启示 [J]. 农村经济与科技, 2018, 29 (12): 135 – 136, 120.

[46] 刘雪凤, 郑友德, 蔡祖国. 我国新能源技术知识产权战略的构建 [J]. 科学学与科学技术管理, 2011 (10): 13 – 20.

[47] 刘志彪, 王建国. 工业化与创新驱动: 工匠精神与企业家精神的指向 [J]. 新疆师范大学学报 (哲学社会科学版), 2018, 39 (3): 1 – 7.

[48] 刘志峰. 区域创新生态系统的结构模式与功能机制研究 [J]. 科技管理研究, 2010, 30 (21): 9 – 13.

[49] 刘中燕, 周泽将. 研发投入促进了企业国际化经营吗 [J]. 中央

财政大学学报，2018（5）：92 – 105.

［50］陆燕春，赵红，吴晨曦 . 创新范式变革下区域创新生态系统影响因素研究［J］. 企业经济，2016（3）：168 – 173.

［51］罗来军，李军林，姚东旻 . 中国高技术产业生产率影响因素实证检验［J］. 经济理论与经济管理，2015（5）：5 – 16.

［52］罗亚非，郭春燕 . 稳健主成分分析在区域技术创新生态系统绩效评价中的应用［J］. 统计与信息论坛，2009，24（5）：36 – 41.

［53］罗亚非 . 区域技术创新生态系统绩效评价研究［M］. 北京：经济科学出版社，2010.

［54］罗永泰 . 我国科技型中小企业发展的影响因素与发展能力的实证研究［D］. 天津：天津财经大学博士学位论文，2015.

［55］迈克尔·波特 . 国家竞争优势［M］. 李明轩，邱如美译 . 北京：华夏出版社，2002.

［56］苗红，黄鲁成 . 区域技术创新生态系统健康评价研究［J］. 科技进步与对策，2008，25（8）：146 – 149.

［57］裴成轶 . 区域创新生态系统的评价：一个文献综述［J］. 时代金融，2018（1）：114 – 115.

［58］彭莹莹 . 区域创新生态系统技术创新耦合度评价及实证研究［D］. 长沙：湖南大学，2011 年 6 月 .

［59］乔晗，胡毅，刘晖，刘轶芳著 . 战略性新兴产业创新驱动发展研究——以北京市生物医药产业为例［M］. 北京：科学出版社，2015.

［60］秦天程 . 新常态下影响经济转型的制约因素分析［J］. 当代经济管理，2015，37（3）：34 – 37.

［61］邱兆林 . 高技术产业两阶段的创新效率［J］. 财经科学，2014（12）：107 – 116.

［62］申联滨 . 高科技企业知识产权保护中存在的问题及对策［J］. 发展，2008（2）：73 – 74.

［63］施蒂格勒 . 产业组织与政府管制［M］. 上海：上海三联书店出

版社，1996.

[64] 宋丽颖，杨潭. 财政补贴、行业集中度与高技术企业 R&D 投入的非线性关系实证研究 [J]. 财政研究，2016（7）：59-68.

[65] 苏屹，刘敏. 高技术企业创新生态系统可持续发展机制与评价研究 [J]. 贵州社会科学，2018，341（5）：105-113.

[66] 孙玮，王九云，成力为. 技术来源与高技术产业创新生产率——基于典型相关分析的中国数据实证研究 [J]. 科学学研究，2010，28（7）：1088-1093，1076.

[67] 孙文博，王彦博，闫丽平. 技术创新对中国服务业增长的贡献率分析 [J]. 技术经济与管理研究，2016（7）：20-23.

[68] 孙文博. 中国服务业的结构特征与引资环境评价 [D]. 宁波：宁波大学硕士学位论文，2004 年 6 月.

[69] 孙永朋，王美青，徐萍，卫新. 开放背景下中国种业后发优势与战略 [J]. 中国种业，2011（2）：8-10.

[70] 屠文娟，王雅敏. 技术创新视角下我国高技术产业高端化发展策略 [J]. 科技管理研究，2013（19）：41-45.

[71] 王斌，谭清美：要素投入能推动高技术产业创新成果的转化吗 [J]. 科学研究，2015，33（6）：850-858.

[72] 王宏起，汪英华，武建龙，等. 新能源汽车创新生态系统演进机理——基于比亚迪新能源汽车的案例研究 [J]. 中国软科学，2016（4）：81-94.

[73] 王凯，邹晓东. 由国家创新系统到区域创新生态系统——产学协同创新研究的新视域 [J]. 自然辩证法研究，2016，32（9）：97-101.

[74] 王磊，刘丽军，宋敏. 基于种业市场份额的中国种业国际竞争力分析 [J]. 中国农业科学，2014，47（4）：796-805.

[75] 王楠，张立艳，李思晗. 研发投入、市场结构对高技术企业绩效的影响 [J]. 中国科技论坛，2017（7）：72-79.

[76] 王瑞丹. 高技术型现代服务业的产生机理与分类研究 [J]. 北京

交通大学学报：社会科学版，2006，5（1）：50-54.

［77］王伟．基于绿色经济的区域创新生态系统研究［D］.合肥：中国科学技术大学，2014年6月.

［78］王小广．新常态下我国2015年经济形势展望和政策建议［J］.国家行政学院学报，2015（6）：75-80.

［79］王仰东，杨跃承，赵志强．高技术服务业的内涵特征及成因分析［J］.科学学与科学技术管理，2007，28（11）：10-13.

［80］王仰东．服务创新与高技术服务业［M］.北京：科学出版社，2011.

［81］王重鸣，薛元昊．知识产权创业能力的理论构建与实证分析：基于高技术企业的多案例研究［J］.浙江大学学报（人文社会科学版），2014，44（3）：58-70.

［82］魏江，陶颜，陈俊青．服务创新的实施框架及其实证［J］.科研管理，2008，29（6）：52-58.

［83］吴金希．创新生态体系的内涵、特征及其政策含义［J］.科学学研究，2014，32（1）：44-51.

［84］吴雷，曾卫明．基于索洛余值法的装备制造业原始创新能力对经济增长的贡献率测度［J］.科技进步与对策，2012，29（3）：70-73.

［85］吴绍波，顾新．战略性新兴产业创新生态系统协同创新的治理模式选择研究［J］.研究与发展管理，2014，26（1）：13-21.

［86］吴淑玲．服务业结构升级的就业效应分析［J］.山东社会科学，2011（5）：156-159.

［87］肖仁桥，陈忠卫，钱丽．异质性技术视角下中国高技术制造业创新效率研究［J］.管理科学，2018，31（1）：48-58.

［88］肖仁桥，钱丽，陈忠卫．中国高技术产业创新效率及其影响因素研究［J］.管理科学，2012（5）.

［89］谢林辉．四川省高新技术产业市场结构对创新绩效的影响研究［D］.成都：四川农业大学，2016年6月.

［90］闫超．基于耦合理论的高技术产业金融供给侧改革研究［D］．合肥：中国科学技术大学博士学位论文，2016 年 6 月．

［91］闫丽平，陈晔，谷立霞．经济新常态下河北省高技术企业创新发展战略研究［J］．科技和产业，2016，16（11）：1 - 5.

［92］闫丽平，谷立霞，陈晔．创新驱动战略下高技术产业发展能力评价［J］．企业经济，2016（6）：54 - 58.

［93］闫丽平，谷立霞．技术来源与高技术产业发展关系的实证研究［J］．工业技术经济，2016（2）：90 - 96.

［94］颜永才．新常态下企业创新生态系统与自主创新战略研究［J］．科学管理研究，2015，33（5）：74 - 77.

［95］杨水旸．中国高新技术企业评价指标体系新探［J］．中国科技论坛，2008（12）：53 - 56.

［96］杨芸，洪功翔．国有高技术企业创新效率及影响因素研究［J］．安徽工业大学学报（哲学社会科学版），2016，33（5）：12 - 16.

［97］姚正海，刘肖，路婷．我国高技术服务业创新效率评价研究［J］．经济问题，2016（9）：82 - 86.

［98］姚正海，张海燕．高技术服务业发展环境评价指标体系的构建［J］．财经科学，2013（12）：112 - 120.

［99］伊迪丝·彭罗斯．企业成长理论［M］．上海：上海人民出版社，2007.

［100］余泳泽．我国高技术产业技术创新效率及其影响因素研究——基于价值链视角下的两阶段分析［J］．经济科学，2009，31（4）：62 - 74.

［101］俞立平．大数据下高技术企业创新路径研究［M］．北京：经济科学出版社，2016.

［102］郁义鸿，黄云峰．服务业对中国经济发展与结构转变贡献的一项实证研究［J］．复旦学报（自然科学版），2003，42（5）：736 - 741.

［103］约瑟夫·熊彼特．经济发展理论［M］．何畏，易家详等译．北京：商务印书馆，1991.

［104］张大伟．高技术企业技术创新能力与效率评价及协调性研究——基于吉林省的分析［D］．长春：吉林大学博士学位论文，2015 年 6 月．

［105］张鹏．我国高技术产业发展问题研究［J］．调研世界，2015 (3)：19 –21.

［106］张映红，燕善俊．基于多元统计方法的华东地区高技术服务业发展评价研究［J］．科技创业月刊，2017 (16)：77 –79.

［107］章成帅．中国高技术产业创新效率研究：一个文献综述［J］．中国科技论坛，2016 (4)：56 –62.

［108］浙江省统计局课题组，姚剑平，何春燕．浙江高技术产业竞争力研究［J］．统计科学与实践，2015 (3)：30 –34.

［109］郑琼洁．政府科技激励与技术创新效率研究——基于动态面板数据的 GMM 检验［J］．技术经济与管理研究，2014 (9)：32 –36.

［110］支燕，白雪洁．我国高技术产业创新绩效提升路径研究——自主创新还是技术外取［J］．南开经济研究，2012 (5)：51 –64.

［111］中国科技发展战略研究小组，中国科学院大学中国创新创业管理研究中心．中国区域创新能力评价报告 2017［M］．北京：科学技术文献出版社，2017.

［112］周冬冬，韩东林，杜永飞．基于知识管理的中国高技术服务业研发机构技术创新能力评价［J］．中国科技论坛，2013 (11)：5 –10.

［113］周鹏，余珊萍，韩剑．生产性服务业与制造业价值链升级间相关性的研究［J］．上海经济研究，2010 (9)：55 –62.

［114］周青，陈畴镛．中国区域技术创新生态系统适宜度的实证研究［J］．科学学研究，2008，26 (s1)：242 –246.

［115］朱晋伟，梅静娴．不同规模企业间创新绩效影响因素比较研究——基于面板数据半参数模型［J］．科学学与科学技术管理，2015，36 (2)：83 –91.

［116］邹晓东，王凯．区域创新生态系统情境下的产学知识协同创新：

现实问题、理论背景与研究议题 [J]. 浙江大学学报（人文社会科学版），2016（6）：5-18.

[117] Adner, R. Match your innovation strategy to your innovation ecosystem [J]. Harvard Business Review, 2006, 84 (4): 98-107.

[118] Astrid Cullmann, Christian von Hirschhausen. Efficiency analysis of East European electricity distribution in transition: legacy of the past [J]. Journal of Productivity Analysis, 2008（29）: 155-167.

[119] Barney, J. B. Firm resources and sustained competitive advantage [J]. Journal of Management, 1991（17）: 99-120.

[120] Blomstrom M., Persson H. Foreign investment and spill over efficiency in and under developed from the Mexican manufacturing undustry [J]. World Development, 1983（6）: 55-63.

[121] Brecht, H. E. Australia'sindustrial R&D expenditure and foreign trade [J]. Applied Economics, 1992, 24 (5): 545-556.

[122] Brodhag, C. Research universities, technology transfer, and job creation: what infrastructure, for what training [J] Studies in Higher Education, 2013, 38 (3): 388-404.

[123] Burgelman, R. A. Strategic management of technology and innovation. Second Edition [M]. New York: McGraw-hill, 1996.

[124] Chen Kaihua, Kou Mingting. Staged efficiency and its determinants of regional innovation systems: atwo-step analytical procedure [J]. The Annals of Regional Science, 2014（52）: 627-657.

[125] Chen, Victor, et al. Ownership structure and innovation: An emerging maker perspective [J]. Asia Pacific Journal of Management, 2014 (31): 1-24.

[126] Chesbrough, H. Openinnovation, the new imperative for creating and profiting from technology [M]. Boston, MA: Harvard Business School Press, 2003.

[127] De Vries, E. J. Innovation in services in networks of organizations and in the distribution of services [J]. Research Policy, 2006, 35 (7): 1037 – 1051.

[128] Ettlie, J. E. Taking charge of manufacturing: how companies are combing technological and organizational innovation to compete successfully [M]. San Francisco: Jossey Bass Inc. , 1988.

[129] Fang-Ming Hsu, Paul Jen-Hwa Hu, Hsinchun Chen, Han-fen Hu. Examining agencies'satisfaction with electronic record management systems in e-government: alarge-scale survey study [M]. Springer Berlin Heidelberg: Designing E-Business Systems. Markets, Services, and Networks, 2009 (22): 25 – 36.

[130] Freeman R. Labor regulations, unions, and social protection in developing countries: market distortions or efficient institutions [A]. Cambridge, MA: NBER Working Paper Series 14789. National Bureau of Economic Research, 2009.

[131] F. Gallouj, O. Weinstein. Innovation in services [J]. Research Policy, 1997, 26 (4): 537 – 556.

[132] Holgersson M. Patent management in entrepreneurial SMEs: a literature review and an empirical study of innovation appropriation, patent propensity, and motives [J]. R&D Management, 2013 , 43 (1): 21 – 36.

[133] Hwang, Victor, W. , Horowitt, G. The rainforest: the secret to building the next silicon valle [M]. Los Altos Hills: Regenwald, 2012: 12 – 41.

[134] J. S. Lee, Y. X. Xon. A customer service process innovation using the integration of data base and case base [J]. Expert Systems with Applications, 1996, 11 (4): 543 – 552.

[135] J. Waalkens, R. J. Jorna, T. Postma. Absorptive capacity of knowledge-intensive business services [J]. Entrepreneurial Learning: Conceptual Frameworks and Applications, 2008, 1: 249.

[136] Luis Diaz-Balteiro, Carlos Romero. Multiplecriteria decision-making

in forest planning: recent results and current challenges [M]. New York: Springer US: Handbook of Operations Research In Natural Resources, 2007 (99): 473 – 488.

[137] Malgorzata Runiewicz-Wardyn. Knowledgeflows, technological change and regional growth in the European Union [M]. New York: Springer International Pnblishing, 2013.

[138] Mary Anne M. Gobble Charting the innovation ecosystem [J]. Research technology management, 2014, 57 (4): 55 – 59.

[139] Mei Hsiu-Ching Ho, John S. Liu. Themotivations for knowledge transfer across borders: the diffusion of Data Envelopment analysis (DEA) methodology [J]. Scientometrics, 2013 (94): 397 – 421.

[140] Michael Fritsch, Viktor Slavtchev. How doesindustry specialization affect the efficiency of regional innovation systems [J]. The Annals of Regional Science, 2010 (45): 87 – 108.

[141] Mini Kundi, Seems Sharma. Efficiency analysis and flexibility: acase study of cement Finns in India [J]. Global Journal of Flexible Systems Management, 2015 (1): 77 – 86.

[142] Montobbio, F., Rampa, F. Theimpact of technology and structural change on export performance in nine developing countries [J]. World Development, 2005, 33 (4): 527 – 547.

[143] OECD. Oslo manual-the measurement of scientific and technological activities: proposed guidelines for collecting and interpreting technological innovation data [M]. Paris: Statistical Office of the European Communities Press, 2005.

[144] Oliviero A. Carboni. R&D subsidies and private R&D expenditures: evidence from Italian manufacturing data [J]. International Review of Applied Economics, 2011, 25 (4): 419 – 439.

[145] P. D. Hertog, W. Van der Aa, M. W. de Jong. Capabilities for man-

aging service innovation: Towards a conceptual frame-work [J]. Journal of Service Management, 2010, 21 (4): 490 –514.

[146] Rene Belderbos, Martin Garree, Boris Lokshin, Joan Fernandez Sastre. Inter-temporalpatterns of R&D collaboration and innovative performance [J]. The Journal of Technology Transfer, 2015 (40): 123 – 137.

[147] Rennings K. Redefining innovation—eco-innovation research and the contribution from ecological economics [J]. Ecological Economics, 2000, 32 (2): 319 –332.

[148] Roberto Alvarez, Gustavo Crespi. Determinants of technical efficiency in small firms [J]. Small Business Economics, 2003 (20): 233 –244.

[149] Schwab, Klaus. Theglobal competitiveness report 2010 – 2011 [R]. Geneva: World Economic Forum, 2010.

[150] Seema Sharma, V. J. Thomas. Inter-country R&D efficiency analysis: an application of data envelopment analysis [J]. Scientometrics, 2008 (76): 483 –501.

[151] Valeria Costantini, Francesco Crespi. European enlargement policy, technological capabilities and sectoral export dynamics [J]. The Journal of Technology Transfer, 2015 (40): 25 –69.

[152] Yang C H, Huang C H, Hou C T. Tax incentives and R&D activity: Firm-level evidence from Taiwan [J]. Research Policy, 2012, 14 (9): 1578 – 1588.